# LE VIEUX
# DE LA MONTAGNE,

## OU

# LES ARABES DU LIBAN,

## MÉLODRAME

EN TROIS ACTES, EN PROSE ET A GRAND SPECTACLE,

## PAR M. CUVELIER;

Musique de M. ALEXANDRE, Ballets de M. RENON;

Représenté, pour la première fois, sur le Théâtre
de la Porte Saint-Martin, le 26 Décembre 1814.

# PARIS,

Chez BARBA, Libraire, Palais-Royal, derrière le
Théâtre Français, n°. 51.

De l'Imprimerie de HOCQUET, rue du Faubourg Montmartre, n°.4.

## 1815.

# PRÉFACE.

Il existe, sous le titre du *Vieux de la Montagne*, un roman plein d'imagination et de tableaux gracieux dans lequel on trouverait aisément le sujet de plusieurs mélodrames. J'aurais pu y puiser le mien; j'ai préféré l'inventer, en rattachant ma fable à l'histoire de l'Asie, dans la crainte de me trouver en concurrence avec quelques auteurs plus habiles que moi.

*Le Scheick* des Arabes du Liban, que les Croisés d'Europe avaient surnommé *le Vieux de la Montagne*, était tout puissant dans la Syrie à l'époque des Croisades.

Joinville nous apprend que St. Louis avait fait un traité avec ce prince.

Ces Arabes sont appelés par les uns *Ismaïliens de Syrie*, et par les autres *Achichins* ou *Hassassens*, d'où est venu le mot assassin pour désigner un meurtrier. (1)

Les jeunes fanatiques que le *vieux de la Montagne* élevait dans son paradis, avaient le titre de *fédavi*, ce qui signifie dévoués; ils étaient toujours prêts à sacrifier leurs jours au premier signal de leur maître, bien convaincus qu'une immortalité de plaisirs serait le prix de ce sacrifice.

---

(1) Voyez pour l'étimologie du nom des *assassins*, le Moniteur N°. 210, an 1809, ( Mémoire de M, Silvestre de Sacy.)

Le château du vieux de la Montagne se nommait *Massiate*. *Ali* était le chef de cette secte barbare; cependant elle invoquait aussi *Mohamed* ou Mahomet.

Marc Paul appelle le vieux de la Montagne *Aloadim* (1); j'ai préféré lui créer pour la scène un nom plus sonore.

On lit dans les *Mines de l'Orient* (2), que ce fut *Allau*, roi des Tartares, qui renversa la puissance des *Hassassens*, et détruisit de fond en comble le château de *Massiate* après un siége de trois ans. Ce fait est rapporté à l'an 1262. J'ai donc fait un anachronisme de plusieurs années : mais une critique raisonnée aurait tant de choses à dire d'un ouvrage comme le mien, qu'elle ne s'attachera pas sans doute à cette bagatelle : *Aquila non capit muscas.*

---

(1) Voyages, etc., par H. Bergeron, la Haye, 1735, tom. 1er.
(2) Bibliothèque britannique, janvier 1814, Nos 433 et 434.

## PERSONNAGES.

GODEFROI, comte souverain de Damas
et prince Croisé...................... *M. Angellier.*

PHILÉTAS, prince des Druses........ *M. Bayle.*

ALIÉNOR, élevé par Philétas comme son
fils.................................. *M. Perrier.*

HISTERKAN, ou le vieux de la Mon-
tagne................................ *M. Révalard.*

MOHAM, lieutenant du Scheick....... *M. Bourdais.*

KURD, chef Arabe.................... *M. Pascal.*

DE PARDIEU, vieux Croisé, concierge
du château du comte................ *M. Duchaume.*

FLEUR DE MIRTHE, enfant muet, élevé
dans le Harem du Scheick........... *M. St. Romain fils.*

RIZELIS, jeune Druse................ *M. Emile.*

MEILA, jeune fille Druse............ *Mlle. Marianny.*

THÉLAIRE DE LUSIGNAN, grande
maitresse des hospitalières de Jérusa-
lem, et princesse royale............. *Mlle. Laroche.*

ATHANAIS, jeune fille, élevée par Phi-
létas................................ *Mlle. Grasseau.*

Le Sénéchal du comte de Damas........ *M. Armand.*

Un Guerrier Druse.................... *M. Aubert.*

Le Chef de la garde d'Histerkan........ *M. Lafite.*

Un Hérault d'armes................... *M. Charles.*

Soldats Croisés aux ordres du comte de Damas.

Hommes et Femmes Druses.

Arabes Hassassens.

Fédavi, ou jeunes Gens dévoués au vieux de la Montagne.

Odalisques du Harem.

*La scène se passe dans le Liban, vers l'année 1213 ou 1214.*

# LE VIEUX
## DE LA MONTAGNE,

Mélodrame en trois Actes.

~~~~~~~~~~~~~~~~~~~~~~~~~~~~~~~~~~~~~~~~~~~~~~~

## ACTE PREMIER.

*Le théâtre représente un site très-âpre dans le Liban : on apperçoit dans le fond quelques habitations des Druses ; à gauche (de l'acteur) est un palmier isolé ; à droite un banc de roc : dans le fond, l'entrée d'une caverne ; à l'avant scène à gauche une grotte ; au lointain on distingue les aiguilles les plus élevées du Mont-Liban : à droite au bas de la montagne est un torrent, retenu par une digue.*

---

### SCENE PREMIERE.

*( Le jour commence à poindre. )*

#### RIZELIS, *seul.*

Là... on ne dira pas que je ne suis pas le premier au rendez-vous..... il fait à peine jour, et il y a de quoi se casser le cou vingt fois pour une dans ces montagnes du Liban.... et puis, pendant la nuit, on peut rencontrer ici à chaque pas des bêtes féroces. Ah ! çà fait frémir seulement d'y penser.... il est vrai que je n'ai rencontré que moi dans le chemin.... Faut - il que j'aime bien cette petite Meila pour venir comme ça courir après elle entre chien et loup ?... voyez si elle aura seulement la reconnaissance d'arriver un peu plutôt ?... Ah ces filles, ces filles, comme çà nous mène, et où çà ne nous mène-t-il pas ?... C'est égal, on les aime malgré tous leurs caprices, moi je suis bâti sur ce pied là. Allons, donnons lui le signal en jouant ce petit air de muzette qu'elle aime tant à entendre. (*Il s'assied sur le banc de roc, prend sa muzette et prélude, l'écho répète les derniers sons.—* Comme l'écho répète les sons ici...... j'aime çà, moi, çà fait qu'étant seul on a l'air d'être plusieurs, et ça rassure un peu. Voyons si l'écho répétera de même la petite chanson que j'ai apprise pour la chanter à Meila.

## CHANSON.

### PREMIER COUPLET.

Loin de sa colombe chérie,
J'entends gémir le ramier du Liban ;
Si tu ne viens, tant douce amie,
Ainsi va gémir ton amant.
Jolis échos de la montagne,
Témoins de mes amours,
Quand reverrez ma gentille compagne,
Répétez-lui : je t'aimerai toujours.

(*L'écho répète les derniers mots.*)
(*Rizelis danse en jouant de la musette.*)

### SECOND COUPLET.

Dans le vallon, tendre Gazelle
Bondit de joie aux rayons du soleil ;
Doux souris de ma toute belle,
Me cause mouvement pareil,
Jolis échos de la montagne,
Témoins de mes amours,
Quand reverrez ma gentille compagne,
Répétez-lui : je t'aimerai toujours.

(*Il danse sur la ritournelle. Pendant le deuxième couplet, les hommes et les femmes Druses sont descendus des montagnes avec Meila.*)

## SCENE II.

RIZELIS, MEILA, hommes et femmes Druses.

MEILA, *frappant sur l'épaule de Rizelis.*
A merveille, Rizelis.

RIZELIS.
Comment, c'est toi ? et tu viens à notre rendez-vous secret avec tout le monde ?

MEILA.
Veux-tu bien ne pas parler de rendez-vous si haut ?

RIZELIS.
Oui, comme si l'historique de mon amour pour la jolie petite Meila n'était pas connu de tout le Mont-Liban ?

MEILA.
Comment, tu l'as dit ?

RIZELIS.
Est-ce que ça peut se cacher ça ?

MEILA.
Et que faisais-tu là ?

RIZELIS.
Tu l'a bien vu... je dansais... je chantais... je pestais en t'attendant, méchante !

MEILA,

Tu prends bien ton tems vraiment pour être de mauvaise humeur.

RIZELIS.

Je t'ai vue, c'est passé.

MEILA.

Mais tu ne sais donc pas que c'est aujourd'hui la fête de la belle Thelaire ?

RIZELIS.

De cette grande dame, hospitalière de Jérusalem, refugiée dans nos montagnes ?

MEILA

Justement. C'est servir notre bon prince Philetas que de fêter celle qu'il honnore et qu'il chérit.

RIZELIS.

Ah ! je commence à concevoir.

MEILA,

C'est bien heureux... Ainsi donc les enfans de notre prince, le jeune Alienor et sa sœur Athanaïs nous ont ordonné de nous réunir ici, et nous y voilà.

RIZELIS.

Eh bien ! je suis, sans le savoir, tout autant avancé que vous.... voyez ce que c'est que l'esprit !...

MEILA,

Le chevalier Alienor s'avance avec sa sœur.

# SCENE III.

Les précédens, ALIENOR, ATHANAIS, et suite.

ALIENOR.

Bien, mes amis, je vous remercie de votre exactitude, elle me prouve votre amitié pour ma sœur et pour moi... Jeunes filles, Athanaïs vous guidera dans le vallon pour y cueillir les fleurs les plus brillantes : et vous, guerriers, je vais diriger vos pas, franchissons ces montagnes, et nous viendrons bientôt offrir à la princesse Thelaire le tribut de notre chasse.

RIZELIS, prenant un pieu.

Elle vont voir beau jeu, j'espère, les bêtes des montagnes !... Oh ! c'est que je suis là, moi...

ATHANAIS.

N'oubliez pas, Alienor, que mon père vous a recommandé de ne point franchir les limites de la tribu des Hassassens, et de vous eloigner de la demeure du farouche Histerkan ?

ALIENOR.

Je sais que le nom seul du vieux de la montagne inspire dans la Palestine une terreur... qu'un chevalier ne peut partager : le fanatique Histerkan commande à ces Arabes au nom de leur dieu imaginaire, il arme les bras des jeunes guerriers, élevés par lui dans ces jardins délicieux qu'il a nommés son paradis; il leur promet une immortalité de plaisirs auprès des célestes houris, s'ils expirent en défendant la cause de leur maître, ou en poignardant les ennemis qu'il a désignés à leur rage; mais nous avons fait un traité de paix avec ce prince, et rien ne prouve qu'il ait l'intention de le rompre. Bannis tes inquiétudes, ma chère Athanais, dans un moment je serai de retour près de toi (*il lui baise la main* (*Athanais emue détourne les yeux*) mais pourquoi ces yeux baissés, cet air de froideur et de contrainte? est-ce que tu ne m'aime plus?

ATHANAIS,

Ne plus aimer mon frère?... cela est impossible; mais je ne sais pourquoi j'éprouve un trouble involontaire.

ALIENOR,

Et moi aussi, chère et bonne Athanais, je ressens un trouble délicieux lorsque je te parle, lorsque je te vois;. mais je suis bien loin de m'en plaindre, et ce plaisir si doux d'être auprès de mon aimable sœur, de l'entendre me répéter qu'elle est, qu'elle sera toujours la meilleure amie de son Alienor; je voudrais l'éprouver sans cesse, il fait le charme de ma vie, et je ne puis, penser qu'avec terreur, à ce moment fatal qui doit bientôt m'arracher de ces lieux témoins des jeux innocens de notre enfance. Ah! lorsque le signal des combats m'appellera dans les champs de la gloire, après Dieu et l'honneur, ma première pensée sera toute entière à mon Athanais.

ATHANAIS.

Ainsi que tous nos chevaliers, il faudra pourtant qu'Aliénor fasse choix d'une dame?

ALIENOR.

Jamais, .... s'il faut me séparer d'Athanais, un ordre militaire et religieux sera mon refuge, et je prendrai pour devise de mon bouclier : *Amitié fraternelle.* Mais le jour est avancé, il faut que je te quitte... Adieu.

(*Les guerriers sortent par les montagnes, les femmes se dispersent dans la vallée, Rizelis s'en va en témoignant une fausse bravoure, après avoir dit adieu à Meila.*)

## SCENE IV.

### ATHANAIS, MEILA.

MEILA.

Quoi donc, ma chère maîtresse, vous voilà toute rêveuse?

ATHANAIS.

Ah! Meila, je ne puis t'expliquer ce qui se passe dans mon cœur... la présence d'Aliénor me charme à la fois et m'inquiète;

est-il absent, un tourment secret m'agite, je ne sais quel pressenti-
ment s'empare de ma pensée... Meila, ton amie est bien loin de
goûter le bonheur.

### MEILA.

Que pouvez-vous désirer? votre père vous chérit, vous avez un
frère qui vous aime...

### ATHANAIS

Il m'aime, Meila, Aliénor m'aime... voilà ce qui fait le tourment de ma vie.

### MEILA.

Comment, l'amitié d'un frère pourrait vous alarmer?

### ATHANAIS.

Sans elle je ne pourrais vivre, et cependant je crains qu'elle ne
soit trop forte, et qu'à mon tour...

### MEILA.

Quel mal y aurait-il à cela?

### ATHANAIS, *très-agitée.*

Ah! si nos faibles cœurs nous trahissaient à ce point.... la
honte, le regret, une séparation éternelle. (*elle pleure.*)

### MEILA.

Ne voilà-t-il pas qu'elle s'afflige, à présent! ah! mon Dieu...
mon Dieu.... remettez-vous, le prince Philetas et la princesse
Thelaire viennent de ce côté...

### ATHANAIS.

Mon père!... ah dérobons-lui mes larmes, s'il pouvait soup-
çonner... mais, non, jamais il ne saura... Meila, hâtons-nous
de rejoindre tes compagnes. (*elle sortent.*)

## SCENE V.

### THELAIRE, PHILETAS et suite.

#### THELAIRE.

N'insistez plus, respectable Philetas, je ne consentirai point à
rompre des vœux consacrés par la religion, par l'humanité, et
jamais ma main n'appartiendra ni au comte Godefroi de Damas,
ni à aucun autre chevalier.

#### PHILETAS

N'oubliez pas, Thélaire, que depuis la malheureuse journée de
Tibériade, la terre sainte est au pouvoir des infidèles, que le roi
Lusignan votre oncle, dépouillé du sceptre de Jérusalem, s'est ré-
fugié dans l'île de Chipre, sans avoir pu tenter aucun effort pour
reconquérir le tombeau sacré; enfin que le comte Godefroi de
Damas est le seul chevalier chrétien dont la souveraineté, mainte-
nue par la protection du Soudan d'Egypte, nous offre un appui
stable dans la Syrie, contre les invasions du vieux de la montagne.

#### THELAIRE.

Vous allez savoir jusqu'à quel point vous déchirez mon cœur,

*Le Vieux.* B

en apprenant un secret qui ne fut confié par moi qu'à votre vertueuse épouse, et qu'elle a emporté avec elle dans le silence de la tombe..... Mais daignez m'écouter avec l'indulgence d'un père.

PHILETAS.

Ne vous ai-je pas toujours regardée comme une fille chérie?

THELAIRE.

Je touchais à peine à ma quinzième année, lorsqu'un jeune chevalier mérita mes affections. L'aveu du roi Lusignan mon oncle, autorisait ses espérances et les miennes; celui que je chérissais déjà si tendrement devait quitter la Palestine à la voix de l'honneur qui l'appelait sous les étendards de la croix, et le roi avait promis de nous unir à son retour... Hélas! la veille de ce funeste départ, entraînée par un sentiment irrésistible.. j'oubliai un instant que la religion n'avait pas consacré nos nœuds... Bientôt j'appris que ce brave chevalier, digne de son grand nom et de l'illustration de ses ancêtres, était tombé sous le cimetere des infidèles après la plus glorieuse résistance : mais qui vous peindra ma terreur et ma honte, lorsque je m'aperçus que je portais dans mon sein le gage d'un amour malheureux, que l'hymen ne pouvait plus légitimer. ... Votre généreuse épouse devint ma consolatrice et ma seule confidente. Peu de tems après, des pasteurs Druses trouvèrent dans ces montagnes un enfant abandonné ; votre épouse d'accord avec moi, surveillait ce précieux dépôt; elle donna l'ordre aux pasteurs d'apporter cet enfant dans votre palais...elle obtint de vous la permission de l'adopter, il fût élevé comme votre propre fils...

PHILETAS.

Quoi! madame, le jeune Aliénor serait cet infortuné?...

THELAIRE.

Et puisqu'il faut vous le dire, le comte Godefroi de Damas est son père.

PHILETAS.

Le comte Godefroi..... Et lorsqu'il vous offre aujourd'hui sa main et son sceptre, lorsqu'il ne dépend plus que de vous de légaliser la naissance d'Aliénor, vous refuseriez, en invoquant des devoirs chimériques, de remplir ceux de l'honneur, de la justice, et de la nature?

THELAIRE.

Avant de me juger, permettez-moi d'achever le récit de mes malheurs... La nouvelle de la défaite et du trépas de Godefroi publiée dans la Palestine, avait tous les caractères de la vérté ; après avoir confié à la garde de l'amitié l'enfant malheureux qui n'avait plus de père, je résolus d'expier mon crime en dévouant ma vie aux soins des victimes des combats, et j'obtins l'honneur d'être admise au nombre des hospitalières royales de Jérusalem ; mes vœux furent prononcés avec la plus grande solemnité en présence du roi Lusignan ; je les renouvellai avec plus de pompe encore, entre les mains du patriarche suprême, lorsqu'il m'éleva à la di-

gnité de grande maîtresse de l'ordre. A peine six ans furent-ils
écoulés dans l'exercice des devoirs dictés par la pitié, l'humanité
et la bienveillance, que le redoutable Saladin se présenta sous les
murs de Jérusalem. Malgré tous les efforts des généreux défenseurs de la cité sainte, ses portes furent brisées, et les
infidèles victorieux livrèrent le temple du seigneur au pillage et
à la dévastation. . . . . . . . Échappée à cet épouvantable
désordre, je cherchai un refuge dans les montagnes du Liban,
j'y fus accueillie par vous, mon cher Philetas, et je vis luire encore
quelques éclairs de bonheur en me trouvant auprès d'un fils dont
je pouvais en secret surveiller l'éducation et diriger le noble caractère. J'espérais finir ici mes tristes jours dans le calme et dans
l'oubli des grandeurs. Grand dieu! quels sentimens divers vinrent
bouleverser mon âme, lorsque vous m'apprites que le comte Godefroi était vivant, que, délivré des cachots de l'Egypte par le
grand Saladin, il avait servi sous l'étendard du sultan sans trahir
la foi de ses pères, enfin, que pour prix de ses glorieux travaux,
Saladin venait de lui rendre la principauté de Damas... vous avez
été témoin de l'étonnement profond de Godefroi, en me retrouvant
sous cet habit, qui me sépare à jamais du monde... son sort et
le mien sont fixés irrévocablement ; pourquoi voudrait-il lutter
contre la volonté du ciel ?

PHILETAS.

Si le tems, ni l'absence n'ont pu éteindre la vivacité des sentimens qu'il éprouve, pouvez-vous, princesse, vous en offenser?

THELAIRE.

Et vous voudriez, Philétas, qu'en provoquant la dissolution de
mes vœux auprès du chef de l'église de Syrie, en publiant la naissance d'Aliénor, ignorée de l'univers entier et de son père lui-même,
je consentisse à appeler la honte et l'ignominie sur la tête de la
fille des rois ?... non, non, connaissez mieux Thélaire ; s'il fallait
à l'instant même, choisir entre la mort et le déshonneur, croyez-
moi, généreux Philetas, elle saurait mourir et braver les plus affreux supplices.

PHILETAS.

Ainsi vous abandonnez votre fils ?

THELAIRE.

L'abandonner!... jamais. Sa fortune est assurée et j'espère
qu'Aliénor n'aura rien a désirer, si vous consentez un jour à lui
donner la main de la jeune Athanais votre fille.

PHILETAS.

Sachez, madame, qu'Athanais n'est point ma fille.

THELAIRE.

Que dites-vous ?

PHILETAS.

Elle doit le jour à notre plus cruel ennemi, au prince des
Hassassens...

THÉLAIRE.

Au vieux de la montagne ? Et quel événement l'a remise à votre garde?

EHILETAS.

A l'assaut de la ville de Césarée, j'avais pénétré à travers les flammes dans le palais de ce prince; un berceau, richement orné, frappe mes regards; il contenait deux enfans; l'un avait été étouffé par la fumée de l'incendie, l'autre existait encore... cette innocente créature me tendait les bras, je promis à dieu de la sauver, elle fut élevée comme la sœur d'Aliénor; nous l'instruisîmes dans notre religion sainte... nous jurâmes de ne la rendre jamais à l'idolatrie, et vous êtes, madame! la seule dépositaire du secret de la naissance d'Athanais.

THÉLAIRE.

Puisqu'elle ne doit point connaître le barbare qui lui a donné la vie, rien ne peut empêcher d'unir Athanais avec Aliénor.

PHILETAS.

Comment leur arprendre qu'ils ne sont point frère et sœur ?

THÉLAIRE.

Il serait également dangereux de leur révéler trop promptement ce serait, et de tarder long-tems à les en instruire. Aliénor vient de recevoir l'éperon de chevalier; si vous y consentez, prince, nous attendrons qu'il ait fait ses premières armes.

PHILETAS.

Thélaire, je m'en rapporte à votre prudence; mais j'aurais désiré que vous même...

THÉLAIRE.

Si nous réussissons à faire le bonheur d'Aliénor et d'Athanais, n'aurons-nous pas rempli tous nos devoirs?

( On entend une musique vive et gaie. )

# SCENE VI.

Les Précédens, ATHANAIS, MEÏLA, Jeunes Femmes Druses, ALIÉNOR, RIZÉLIS et Guerriers.

( *Aliénor a paru sur un rocher, Athanais, au bas de la montagne; tous deux font un signal: toutes les femmes s'avancent au bas de la montagne avec des guirlandes de fleurs, et tous les hommes se rangent sur les divers plans, avec les produits de leur chasse.* )

THÉLAIRE.

Pour qui ces hommages, cette fête ?

ALIÉNOR.

Pour celle dont la bienfaisance porte la consolation et le bonheur dans nos campagnes, dont les vertus sont partout chéries et respectées, et dont l'image est dans tous les cœurs

( *A peine a-t-il parlé, qu'un groupe général se forme autour de Thélaire et on lit son nom tracé en fleurs.* )

**PHILÉTAS.**

Thélaire, nous célébrons aujourd'hui l'anniversaire du jour heureux où nous eûmes le bonheur de vous offrir un asile dans nos paisibles montagnes.

**THÉLAIRE, *émue.***

Ah ! prince, pourquoi ne m'avoir pas prévenue. *( recevant les fleurs que lui présente Athanais et Aliénor )* Aliénor, Athanais, mes enfans. *( Elle les serre contre son sein. )* Mon cœur suffit à peine aux sentimens qu'il éprouve.

*( Elle essuie les larmes qui coulent de ses yeux . Philétas lui fait signe de se contenir.)*

**RIZELIS.**

J'avais bien dit , moi, que cette petite invention ferait le plus grand plaisir à la princesse... Allons, de la joie et soutenons cette gaîté-là . .. ça fait tant de bien la gaîté

*( Philétas et Thélaire se placent sur le banc de roc. )*

## *BALLET.*

*( Il est interrompu par des sons de trompe. Rizelis monte sur le palmier, un guerrier se place a la découverte sur la montagne.)*

**PHILÉTAS.**

D'où partent ces sons d'instrumens guerriers?

**RIZELIS *sur le palmier.***

J'aperçois un grand nombre de chasseurs qui se répandent dans la vallée... ce sont des Arabes.

**TOUS, *avec crainte.***

Des Arabes!

**UN GUERRIER.**

Je vois flotter dans les airs l'étendard du Vieux de la Montagne.

**TOUS.**

Le Vieux de la montagne ! fuyons.

*( Tout le peuple se disperse ; Thélaire , Philétas et Athanais se retirent entourés par les guerriers sous les ordres d'Aliénor. )*

# SCENE VII.

**RIZELIS, *seul, essayant de descendre du palmier.***

**RIZELIS**

Eh bien ! tout le monde s'en va. . . et moi, on me laisse grimpé sur ce palmier... allons. . . vous aller voir que je ne pourrai en descendre... *( Il veut descendre et ne peut y parvenir. )* On dit que la peur donne des jambes... pour moi elle m'ôte les miennes, je ne puis plus remuer. *( Il reste un instant immobile )* Oh mon dieu... on vient de ce côté, je suis pris *( Il remonte au haut de l'arbre.*

# SCENE VIII.

*( Pendant cette scène . on voit briller quelques éclairs.)*
RIZELIS, *sur le palmier,* MOHAM, KURD.

MOHAM
La chaleur est excessive... arrêtons-nous ici, en attendant l'arrivée de notre prince.

KURD
Seigneur Moham, le fidèle Kurd est à tes ordres, tu n'as qu'à commander.

RIZELIS, *sur l'arbre.*
C'est donc là ce terrible Moham dont on parle tant!...

MOHAM, *s'asseyant.*
Ma pipe... mes parfums... dépêchons.

KURD, *lui remet avec empressement ce qu'il a demandé.*
Oui, seigneur, les voici.

RIZELIS
Quel air rébarbatif!

MOHAM, *fumant.*
Ah!...ah!... je reconnais ce site sauvage... nous ne sommes pas éloignés de la peuplade des chrétiens Druses..... J'espère que nous aurons avant peu une bonne guerre avec ces infidèles.

RIZELIS, *à part.*
Voilà une fâcheuse nouvelle!

MOHAM, *fumant.*
Je ne les aime pas moi, ces chrétiens.

RIZELIS, *à part.*
Qu'est-ce que nous lui avons fait pour cela.

MOHAM.
Par Mahomet! je voudrais pouvoir en sabrer le dernier.

RIZELIS, *à part.*
Voyez la méchanceté.

KURD.
Sa hautesse ne les aime pas non-plus, et je crois bien qu'elle n'a dirigé la chasse de ce côté que pour sonder un peu le terrein.

MOHAM.
C'est la première fois de ta vie que tu devines juste: le prince Histerkan, et moi, nous ne faisons la guerre aux animaux, que quand nous ne pouvons plus la faire aux hommes.

RIZELIS, *à part.*
Suis-je assez malheureux d'être là! s'ils me découvraient! ah mon dieu! ah mon dieu!

KURD, *voyant le palmier.*
Bon, voici un palmier... c'est une heureuse rencontre dans ce lieu aride: seigneur Moham, comme tu disais tout-à-l'heure, la chaleur est excessive, le fruit de cet arbre peut rafraîchir mon palais desséché; si tu veux bien me le permettre, je vais y monter pour le cueillir.

RIZELIS, *à part.*

Allons, je ne puis échapper.

MOHAM, *se couchant sur le banc.*

Soit : pendant ce tems, je vais me reposer : après les femmes et le vin, un peu de repos c'est ce que j'aime le mieux.

RIZELIS, *sur l'arbre.*

C'est-à-dire que le seigneur Moham est amoureux, ivrogne et paresseux ?

MOHAM, *à Kurd, qui s'apprête à monter sur le palmier.*

Maraud, que dis-tu donc là ?...

KURD.

Moi, seigneur ? je n'ai rien dit. ( *Il monte à l'arbre.* )

MOHAM.

Par la barbe du prophète ! on a cependant parlé ; et dans ce désert, qui pourrait-ce être, sinon toi où moi ?...

RIZELIS, *à part.*

Il se fâche, ça finira mal.

MOHAM.

Oui, ça finira très-mal... je n'aime pas qu'on me résiste, tu le sais ?... et par le cimeterre de Mahomet !

RIZELIS, *à part.*

Il jure comme un templier.

MOHAM, *furieux se lève le cimetère à la main.*

Oh ! ceci est par trop fo... misérable mécréant !... ( *Il vient le cimeterre levé au pied du palmier, le tonnerre commence à gronder.* )

KURD, *montant rapidement.*

Mais ce n'est pas moi encore une fois... ce n'est pas moi...

RIZELIS, *face à face avec Kurd.*

Ce n'est pas moi non-plus.

KURD, *saisissant Rizelis.*

Je le tiens le mécréant ?...

MOHAM

Ne le laisse pas échapper, je veux me donner le plaisir de lui faire sauter la tête...

RIZELIS.

Le joli petit passe-tems ! Au secours, au secours...

KURD.

Tu as beau te débattre, tu ne m'échapperas pas.

( *L'orage augmente, le bruit de la chasse se rapproche. A l'instant où Kurd amène Rizelis aux pieds de Moham, et que celui-ci tient le sabre levé, le jeune Druse fait voler adroitement l'Arabe et le jette sous le cimeterre du lieutenant d'Histerkam : Rizelis s'échappe, et court dans le fond ; Moham s'arrête le bras levé.* )

## SCENE IX.

Les Précédens, HISTERKAN, Arabes.

( *Rizelis se trouve arrêté par les pelotons d'arabes qui arrivent de tous côtés; il tombe par terre derrière un buisson. Le prince des Hussassens paraît à la lueur des éclairs, tous les Arabes se prosternent.* )

HISTERKAN

L'orage va favoriser notre chasse, en faisant tomber sous nos d'jérids les tigres et les léopards lancés dans ces montagnes; enfans de Mahomet et d'Ali, dispersez-vous pour les combattre, les Arabes du Vieux de la montagne doivent savoir braver à la fois, et la férocité des animaux, et les éclats de la tempête.

( *L'orage est dans toute sa force, un tigre et un lion paraissent, les Arabes les attaquent et se dispersent de divers côtés.* )

## SCENE X.

RIZELIS, seul, se montrant derrière le buisson qui le cachait.

Ouf! je l'ai échappé belle!... d'un côté, des Arabes...de l'autre, des tigres... des lions... tous ces gens-là ont le diable au corps... allons, allons, tandis qu'ils sont loin, décampons. ( *Avec crainte.* ) Je crois qu'il n'y a plus de danger. ( *Il regarde de tous côtés.* ) Non, il n'y en a plus... grace au ciel je suis sauvé. ( *Il va pour sortir, il se trouve en face d'un tigre.* ) Ahi, ahi!... comme il me regarde!... les vilaines dents... ( *Tremblant.* ) C'est fini.. bien fini... je n'en reviendrai pas. ( *Le tigre s'avance sur lui, Rizelis tourne autour du palmier et cherche à se sauver.* )

## SCENE XI.

HISTERKAN, RIZELIS.

( *Histerkan paraît sur la montagne: il lance un trait au tigre qui, blessé, se retourne; Rizelis se sauve dans la grotte en avant.* )

## SCENE XII.

HISTERKAN, Arabes.

( *Au milieu des éclairs et des éclats de tonnerre, Histerkan combat le tigre, tandis que d'un autre côté, les Arabes poursuivent et tuent le lion. Histerkan, sur un rocher, frappe le tigre qui tombe dans un précipice; presqu'en même-tems la foudre éclate, et le rocher, qui portait le Vieux de la Montagne, s'écroule; Histerkan est renversé et évanoui.* )

## SCENE XIII.

HISTERKAN, *évanoui*, ATHANAIS.

ATHANAIS, *elle sort epouvantée de la caverne.*

La violence de l'orage m'a séparée de mon père...... où trouver
un asile?.. ( *Elle aperçoit Histerkan qui semble se débattre avec la
mort.* ) Ciel ! que vois-je !.... un homme expirant! C'est un Arabe.
( *Elle recule avec effroi.* )

HISTERKAN.

Ah ! qui que vous soyez, prenez pitié d'un malheureux qui va
perdre la vie !

ATHANAIS.

Il va perdre la vie , dit-il........ Ah! la pitié l'emporte sur la
crainte... C'est un ennemi, mais il est malheureux , je dois le se-
courir...[ *N'écoutant que la voix de la pitié, elle vole à son secours , et l'aide à se relever; elle le conduit sur le banc du roc;
Histerkan perd de nouveau connaissance.* ) Ciel ! s'il allait expirer
à mes yeux...( *désignant le palmier.* ] La liqueur bienfaisante que
distile ce palmier.... Essayons.
( *Elle ramasse par terre le poignard de Scheick, elle enlève
l'écorce du grand palmier, elle s'en sert comme d'un vase
pour en recueillir la sève ; Athanaïs porte à l'étranger cette
boisson salutaire ; il reprend ses sens, et aperçoit sa délibé-
ratrice.* )

HISTERKAN.

Belle étrangère, je te dois la vie... Je veux te prouver ma reconnaissance.... Viens dans mon harem, les plaisirs naîtront sous
tes pas...c'est ton souverain, c'est le Vieux de la Montagne qui
te fait cette promesse.

ATHANAIS, *avec effroi.*

Histerkan!... Qu'ai-je fait !....
( *Elle veut s'échapper vers la montagne.* )

## SCENE XIV.

Les Précédens, MOHAM, KURD.

( *Elle se trouve arrêtée par Moham et par Kurd.* )

## SCENE XV.

Les Précédens, MEILA.

( *Méila paraît. Athanaïs tombe dans les bras de son amie ; toutes
deux viennent se jeter aux pieds des ravisseurs en suppliant;
Histerkan est inflexible , il ordonne d'entraîner Athanaïs ; Moham et Kurd saisissent les deux jeunes fillettes ; elles se débattent
entre leurs mains.* )

Le *Vieux.*                                                    C

## SCENE XVI.

### Les Précédens, PHILETAS.

*( Philétas paraît sur la montagne ; à l'aspect du Vieillard, le prince
des Hassassens reste interdit.)*

ATHANAIS, *courant dans les bras de Philétas.*
Mon père, sauvez-nous...

#### PHILETAS.
Rassure-toi, Athanaïs, je viens te défendre.

#### HISTERKAN.
Faible vieillard!....penses-tu pouvoir t'opposer à ma volonté
suprème!.... Ecoute, Philétas, je vois en toi mon plus cruel ennemi : c'est toi qui dans le siège de la ville de Césarée, as fait em-
brâser mon palais, m'as ravi ma fille et mon fils, les a massacrés
impitoyablement.. Eh bien, malgré ma trop juste haine, puisque
ta fille vient de sauver mes jours... je ferai respecter les tiens. Je
ne puis te le cacher, la vue d'Athanaïs a fait sur mon cœur la
plus vive impression ; elle va me suivre dans monsérail , pour y
commander en souveraine; chef des Druses , es-tu satisfait du
Vieux de la Montagne?

#### PHILÉTAS, *avec ironie.*
Oui, prince, je te remercie de tant de bienfaits , de tant de
générosité... Tu as la grandeur d'ame de suspendre les coups dont
tu me menaçais, si je consens à trahir tous mes devoirs; sans le
secours de ma fille, tu allais, dis-tu, perdre la vie; pour l'en récompenser, tu veux l'arracher des bras de son père, la rendre infidèle à
nos saintes lois, et lui faire partager le sort honteux des femmes de
ton sérail.... Histerkan; reponds-moi avec franchise; ton amitié
ne me serait-elle pas plus fatale encore que ta haine ?

#### HISTERKAN.
Laisse-la cette ironie qui règne dans tes discours, et songe que
ta destinée est entre mes mains.

#### PHILETAS.
Non. Histerkan, c'est moi qui suis maître de la tienne..Apprends
qu'un de tes enfans existe encore, que moi seul je puis te le rendre,
et que, si tu persistes dans tes odieux projets , jamais tu ne jouiras
de ses embrassemens

#### HISTERKAN.
Crois-tu braver impunément celui dont le nom fait trembler
tous les princes de l'Asie?

#### PHILETAS.
Tu es entouré de mes guerriers; tes outrages ont rompu la suspension d'armes qui existait entre nos deux nations, et si je ne res-
pectais les lois de la chevalerie, tu serais déjà mon prisonnier.

#### HISTERKAN.
C'est en vain que tu veux déguiser ta faiblesse sous les couleurs

de la générosité ; ton Athanaïs me servira d'ôtage ; celui de mes deux enfans qui est en ton pouvoir, me sera rendu, où elle périra de ma main . . Arabes ! Vengez votre maître outragé.

PHILÉTAS

Guerriers crétiens, déffendez l'innocence et la vertu.

## SCENE XVII.

Les Précédens, THELAIRE, ALIÉNOR, Guerriers Druses.

( *Aux cris de Philétas, les Druses paraisent de toutes parts. Moham et Kurd sont désarmés et Histerkan se trouve enveloppé de tous cotés et sous le glaive d'Aliénor qui le menace.* )

ALIÉNOR.

Rends-toi ou tu vas cesser d'exister.

THÉLAIRE

Aliénor, ne souillez pas votre épée dans le sang d'un ennemi désarmé.

ALIÉNOR

Le lâche ravisseur d'Athanaïs merite-t-il qu'on épargne ses jours.

THÉLAIRE

Nos loix nous permettent de prendre les armes pour une défense légitime, mais non pour le meurtre qu'elles condamnent... Prince du Liban, nous n'abuserons pas d'une trop facile victoire... Retournes au château de Massiate ; laisses nous jouir de la paix que nous goûtons dans ce désert ; mais si tu voulais la troubler encore, regarde et vois autour de toi des guerriers qui sauront défendre leur indépendance.

HISTERKAN

Cette fierté ne peut m'en imposer, vous savez trop bien que mes fidèles Arabes vengeraient à l'instant mon insulte en faisant couler des flots de votre sang. Chef des Druses, n'oublie pas que Jérusalem est tombée dans la poussière, et que le prince des arabes a juré l'extinction du nom chrétien ; dès ce moment je te déclare une guerre terrible, et malheur à ceux qui se trouveront sous le glaive du vieux de la montagne.

( *Aliénor veut faire un mouvement ; Philétas l'arrête ; Histerkan le regarde avec mépris, et sort avec Moham et Kurd.* )

## SCENE XVIII.

Les Mêmes, excepté HISTERKAN, MOHAM et KURD.

ALIÉNOR.

Avec quelle insolence il ose nous parler !... Ah ! que ne m'est-il permis de lui présenter le gage du combat, de l'attaquer les armes à la main ? j'aurais bientôt délivré la Syrie du despote qui l'accable sous le poids de son sceptre de fer, et le nom d'Aliénor pourrait figurer alors à côté du nom glorieux ces défenseurs de la foi.

### PHILÉTAS

Mon fils, gardez votre indignation pour le jour des combats : les insultes d'Histerkan avaient d'avance rompu nos traités : mais les loix de l'honneur nous obligeaient de respecter ses impuissantes menaces.

### THÉLAIRE

Histerkan a paru dans nos montagnes avec un grand nombre de ses Arabes que l'orage à dispersés, mais qu'il peut rallier sous son étendart... guerriers, il faut sans tarder davantage prendre les précautions que dicte la prudence, pour nous mettre à l'abri de ses attaques. ( *On entend les trompettes.* ) Entendez-vous ces sons belliqueux ? nous n'avons pas un instant à perdre...

( *On entend un grand tumulte.* )

## SCENE XIX.

Les Précédens, RIZELIS, ( *Il sort de la grotte ; il est pâle et agité.* )

### RIZELIS.

C'est fait de nous... le prince des Hassassens a rassemblé tous ses guerriers dans la vallée ; j'ai tout entendu ; il les a fait jurer de nous exterminer tous jusqu'au dernier.... Leur troupe a pénétré dans cette caverne où j'étais caché : ils marchent sur mes pas.

### ALIÉNOR.

Le ciel a exaucé mes vœux ! courons à leur rencontre, et qu'ils trouvent la mort pour prix de leur perfidie.

### PHILÉTAS.

Et tu voudrais exposer aux hasards des combats nos femmes, nos enfans... ta sœur elle-même ?

### ALIÉNOR.

Ma sœur !... ah ! le péril d'Alhanais redouble mon courage.

### PHILÉTAS.

Eh bien ! Aliénor, c'est toi que je charge de protéger notre retraite.. Les dangers de la chrétienté nous obligent d'implorer les secours du comte de Damas, et cette digue rompue opposera un torrent au passage des Arabes... Guerriers, suivez mon exemple, et nous braverons le courroux impuissant des ennemis de la Croix.

( *Guidés par Philétas et Aliénor, les Druses travaillent à rompre la digue élevée sur le rocher ; Thélaire, Alhanais, Meila et les Femmes, après avoir invoqué le ciel, se réfugient sur la montagne.* )

## SCENE XX.

Les Précédens, HISTERKAN, KURD, MOHAM, Arabes.

( *Les Arabes sortent en foule de la grotte à l'avant-scène ; en ce* moment l'onde s'échappe, tombe du rocher à grands flots et forme un torrent qui traverse tout le théâtre. Les Druses sont groupés sur le derniers plan de la montagne ; les uns tiennent leurs arcs bandés ; les autres menacent, avec leurs javelots ; Thelaire et Athanaïs, au milieu des femmes, sont un peu en arrière ; à la vue des Arabes, Athanaïs s'évanouit. )

( Histerkan et ses satellites sont confus et furieux en voyant l'obstacle imprévu qui s'oppose à leur passage, et leurs ennemis triomphans, braver leur impuissante colère. ),

### Fin du premier acte.

# ACTE II.

( Le théâtre représente, dans le fond, une campagne on distingue dans le lointain, quelques parties du Mont-Liban. A droite de l'acteur, l'entrée d'une forteresse avec une espèce de bastion sur lequel flotte l'étendard chrétien de Damas ; à droite un gros tronc d'arbre renversé, a gauche un banc de verdure ombragé par un dattier, du même côté est la cabane du concierge du château. Dans le fond un petit mur derrière lequel se trouve un fossé qui sépare le château de la campagne. )

## SCENE PREMIERE.

LE SENECHAL, Druses, Soldats Croisés, un factionnaire sur le bastion, un autre en arrière du mur.

( Les Druses viennent d'arriver a la forteresse ; a un ordre du Sénéchal, les soldats Croisés les dirigent vers les diverses habitations voisines. Le Sénéchal rentre dans le château. )

## SCENE II.

Les Précédens, DEPARDIEU.

( Le vieux concierge sort de sa cabane, avec un plat contenant une hure de sanglier et du pain. )

###### DEPARDIEU.

Ceci ne sera pas mauvais.... j'ai là de quoi déjeûner passablement.... C'est bien dommage qu'avec ce bon ragout je n'ai que de l'eau à boire... un peu de vin m'aurait réchauffé l'estomac... Allons, il faut s'en passer ; à la guerre comme à la guerre.

( Il vient s'établir sur le banc pour y faire son repas. )

# SCENE III.

## Les Précédens, RIZELIS.

(*Rizelis arrive avec une petite outre sur le dos, il montre un billet au factionnaire qui est au-delà du fossé ; celui-ci lui indique le vieux Depardieu, Rizelis s'en approche et le salue plusieurs fois, Depardieu mange avidement sans prendre garde a lui.*)

RIZELIS.

.Excuse et pardon, si je vous dérange.

LEPARDIEU, *lui tournant le dos et continuant de manger.*

.Vous ne me dérangez pas du tout.

RIZELIS, *a part.*

Voilà une hure de sanglier qui a une odeur... (*haut.*) Puisque je ne vous dérange pas, faites-moi le plaisir de me le dire, n'est-ce pas vous qu'on nomme le seigneur Lepardieu, concierge du château du comte souverain de Damas?

DEPARDIEU, *se retournant.*

Vous l'avez dit, jeune homme, et de plus, j'ai l'honneur d'être sergent d'armes de monseigneur...

RIZELIS.

Ah! je ne savais pas ça. (*a part.*) Il a bon appétit, le sergent d'armes ; de le voir faire seulement, ça en donne... (*haut.*) Moi, seigneur concierge, je suis le petit paysan Druse que l'on loge chez vous.            (*Il lui présente un billet.*)

DEPARDIEU, *mangeant toujours, après avoir regardé rapidement le billet.*

Ah! ah! eh bien, entrez au logis.

RIZELIS, *a part.*

Ce n'est pas là mon compte. (*haut.*) Après une longue route, on a de l'appétit.... Vous avez peut-être fait beaucoup de chemin aujourd'hui aussi vous, seigneur?

DEPARDIEU.

Je n'ai pas bougé d'ici.

RIZELIS.

Eh bien, je ne l'aurais pas cru... Ma foi, moi, l'air des montagnes, pendant trois mortelles heures de marche, m'a joliment aiguisé...

DEPARDIEU.

Eh bien; dieu vous soit en aide... et bonne digestion que je vous souhaite.

RIZELIS, *a part.*

Il ne m'invitera pas. (*haut.*) Pour digérer, il faut manger, pas vrai?.... et je n'ai pas positivement sous la main tout ce qu'il faut pour cela... Vous sentez bien qu'on n'emporte pas avec soi toute sa maison quand on déménage si vite...... on ne pense qu'à l'essentiel.

**DEPARDIEU**, *s'adoucissant.*

Vous avez préféré, peut-être emporter beaucoup d'argent?

**RIZELIS.**

Oui, oui, c'est une fort bonne chose que l'argent... mais je
n'en avais pas.

**DEPARDIEU**, *avec humeur.*

Que me voulez vous donc ?

**RIZELIS.**

Vous avez l'air si bon...

**DEPARDIEU.**

Point du tout.

**RIZELIS.**

Si a'mable...

**DEPARDIEU.**

Encore moins.

**RIZELIS.**

Si prévenant...

**DEPARDIEU.**

Où diable voyez-vous donc ça ?

**RIZELIS.**

Si j'osais !...

**DEPARDIEU**, *durement.*

Oh ! je n'entends pas raison sur cet article-là.

**RIZELIS.**

Vous offrir...

**DEPARDIEU.**

Offrir... heim ! que dites-vous donc là ?

**RIZELIS.**

Je dis, vous offrir de vider avec moi certaine outre de vin de
palmier, tout nouveau, que j'ai apporté de chez nous.

**DEPARDIEU**, *riant.*

Du vin! parlez-moi de cela, voilà ce qui s'appelle un homme
de précaution,

**RIZELIS**, *lui présentant l'outre.*

Vous permettez donc, seigneur Depardieu.

**DEPARDIEU**, *prenant l'outre.*

Il faudrait avoir l'âme bien dure pour refuser un galant homme,
et... du vin, fut-il même nouveau... Tenez, asseyez-vous là et sans
façon, faites comme moi, mangez un morceau.

**RIZELIS.**

C'est pour vous obliger. *( il coupe un gros morceau. )* Vraiment,
pour vous obliger. *( il mange. )* Si j'accepte...

**DEPARDIEU.**

Oui, je m'en aperçois. L'ordre du comte de Damas, notre
souverain, est bien de vous fournir le logement à vous autres Druses
qui venez chercher un refuge parmi nous, mais non pas de vous
nourir. Quant à moi qui aime à partager tout ce que j'ai avec mes

anis... à votre santé, seigneur... (*il boit longuement.*) Je n'y regarde pas de s'y près.

RIZELIS.

Je le vois bien .. à la votre. (*il boit.*) Dites-moi, seigneur concierge, n'avez-vous pas vu à la suite de notre vieux et bon prince et de cette grande dame qui l'accompagne, une jeune et jolie petite brune, bien éveillée?

DEPARDIEU.

Parlez-vous de la jeune Athanaïs?

RIZELIS.

Oh! Rizelis ne porte pas si haut ses regards.

DEPARDIEU.

J'entends, il s'agit de sa petite suivante... gentille, ma foi, elle est avec le chevalier Aliénor, la demoiselle sa maîtresse et la grande dame, auprès de notre souverain, dans le château, où les dames ont reçu bon accueil et protection... On n'a pas oublié dans la Syrie que galanterie et bravoure sont la devise des chevaliers français... A la santé de la petite brune, j'aime les jolies filles, moi. (*il boit.*)

RIZELIS.

Et le bon vin?

DEPARDIEU.

L'un après l'autre .. Ah ça, le méchant Vieux de la montagne vous a traité un peu de turc à maure, à ce qu'il paraît?... mais laissez faire, qu'il vienne ici, et de par l'enfer, je veux que cette liqueur me noie (*il boit.*) si nous ne lui taillons des croupières... Ah! les Arabes se souviennent encore d'avoir vu de près la lance du vieux concierge Depardieu .. nouvelles guerres, nouvelles victoires... Je bois aux succès de nos armes.

## SCENE IV.

### Les Précédens, MOHAM, KURD.

(*Moham et Kurd paraissent dans le fond ; Moham est déguisé en marchand Arménien, Kurd feint d'être aveugle et cassé par l'âge.*)

MOHAM, *bas à Kurd..*

Eh! je crois reconnaître notre imbécile Druse à qui nous avons fait une si belle peur ce matin, tant mieux; nous en aurons bon marché. (*Il s'approche en examinant Rizelis.*)

RIZELIS, *après avoir mangé.*

Vous disiez donc que vous les avez vus de près, les Arabes?

KURD, *bas à Moham.*

C'est lui-même.

DEPARDIEU.

Comme je vous vois.

RIZELIS.

Pas vrai qu'ils ont de vilaines figures?

MOHAM, *a part.*

Tu nous payeras celle-ci.

RIZELIS.

Moi, j'en ai vu deux ce matin, qui étaient laids, qui étaient laids!...ah!

KURD, *a part.*

L'impertinent !

RIZELIS.

Il y en avait un qui avait de grands, gros yeux brillans comme ceux du léopard ne nos montagnes... il me semble encore le voir-là; tout près de moi. (*il voit Moham.*) Ah! mon dieu! mon dieu!

DEPARDIEU, *se levant et prenant l'outre et la hure.*

Eh bien, qu'est-ce que c'est donc?

MOHAM, *coirefaisant sa voix.*

Charitables seigneurs, prenez pitié d'un misérable marchand Arménien, dépouillé par les méchans Arabes du Vieux de la montagne, secourez-le, protégez-le ainsi que son pauvre vieux père aveugle.

RIZELIS, *a part.*

C'est singulier, il me semblait que c'était les mêmes yeux, mais ce n'est pas du tout la même voix.

DEPARDIEU.

Les Arabes vous ont dépouillé? ce sont les plus adroits brigands!.

RIZELIS.

Ah! ça, c'est vrai.

DEPARDIEU.

Mille croissans démolis! si le sergent d'armes Depardieu les tenait...

MOHAM, *a part, portant la main à son poignard.*

L'insolent! il ne tient à rien que d'un seul coup, je lui impose un silence éternel.

DEPARDIEU

Oui, si je les tenais; mais je ne les tiens pas... quant à vous autres, parlez, que pourrons-nous faire pour vous?

RIZELIS

Oui, contez-nous cela au plus juste, que voulez-vous?

MOHAM

Qu'il vous plaise nous conduire aux pieds du généreux Godefroy, comte de Damas, il ne rejette jamais la prière des malheureux, et nous avons compté sur la bonté de ce prince des chrétiens de la Syrie.

DEPARDIEU

Il paraît que vous connaissez bien notre maître; attendez ici un instant; je vous ferai savoir sa réponse. Toi, porte à la maison tout ceci... (*Il remet à Rizelis le plat et l'outre.*) Et ne sort pas jusqu'à mon retour, entends-tu bien? Il y a tant de gens dont il faut se méfier par le monde!

*Le Vieux.*                                                           D

KIZ LIS.

Oh! soyez bien tranquille seigneur Depardieu. ( *Il prend ce que Depardieu lui donne, et regarde encore une fois Moham.* ) C'est une chose unique .. unique... Ces yeux-là ne me sortent pas de la tête... ( *Il entre dans la cabane à un signe du concierge, celui-ci prend le chemin du château.* )

## SCENE V.

### MOHAM, KURD, Sentinelles.

MOHAM

Ces enragés nous ont arrêtés tantôt dans les montagnes avec leur infernal torrent; mais j'espère que nous allons prendre notre revanche, et qu'à-présent il ne nous échapperont pas. Nous voilà seuls; ces factionaires sont trop éloignés pour nous entendre... tout va bien... Kurd, point d'imprudence ici; ou, par les houris de Mahomet! ta tête me répondra du succès de notre entreprise.

KURD. *cesse de faire l'aveugle.*

Ma tête! ah! seigneur, j'y tiens un peu trop pour que tu aies la moindre inquiétude.

MOHAM

Voici le château dans lequel j'espère que, bientôt, par mon adresse, tu vas te trouver introduit.

KURD

Une fois dans le château, laisse-moi faire . . . on ne se défie pas d'un vieillard aveugle . . .

MOHAM.

Rappelle-toi bien les instructions du Maître, cette nuit, sur ce bastion. . . Une échelle de corde. . .

KURD, *la tirant de son sein.*

Le voilà.

MOHAM

Un poignard, s'il le faut, pour le factionnaire.

KURD, *montrant le poignard.*

Il ne me quitte jamais.

MOHAM.

Je tâcherai d'imaginer quelque bonne ruse pour ne pas m'éloigner d'ici, et me tenir pret à te seconder avec nos esclaves dévoués.

KURD.

C'est à merveille.

MOHAM.

Le maître veut absolument se défaire du comte de Damas, son plus terrible ennemi.

KURD

Il sera satisfait.

MOHAM

Quant à l'enlèvement de la jeune fille et de son frère, c'est mon affaire, je m'en charge.

KURD

Voilà une expédition brillante pour nous, la mort ou la récompense.

MOHAM

La récompense surtout... moi, je tiens à ces bagatelles-là.

KURD

[ Le bonhomme revient.

MOHAM

Silence!

(*Kurd et Moham reprennent le caractère qu'ils se sont donné.*)

## SCENE VI.

Les Précédens, DEPARDIEU, LE COMTE DE DAMAS, LE SENECHAL, Soldats, Ecuyers.

DEPARDIEU

Monseigneur, voici ces Arméniens.

MOHAM

Vaillant souverain de Damas, prince chéri du grand Sultan d'Egypte, daignes reter l'oreille à notre prière.

LE COMTE

Levez-vous et parlez sans crainte; les infortunés quels qu'ils soient, ont droit à ma protection.

MOHAM

Ah! prince, la renommée n'est point mensongère, et ma reconnaissance égalera tes bienfaits, si tu veux m'accorder mon humble demande.

LE COMTE

Qui êtes-vous? que désirez-vous?

MOHAM

Je suis un pauvre marchand d'Arménie, seigneur, je traversais le mont Liban avec ma petite caravane; c'était, hélas! tout mon bien! lorsque les méchans Arabes du Vieux de la Montagne m'ont attaqué non loin des limites de tes états: je te demande, prince, un asile pour mon père aveugle, et accablé par le poids des ans, tandis que j'irai rassembler, s'il est possible, les débris de ma caravane.

LE COMTE

J'y consens avec plaisir... Sénéchal, que ce vieillard soit traité avec tous les égards que l'on doit au malheur.

KURD

Ah! prince!... quelle bonté!

MOHAM, *à part.*

Oui, c'est fort bon pour nous çà....

LE COMTE.

Mes amis, je veux que les peuples de l'Orient sachent que mon plus grand bonheur est de réparer les maux causés par le despotisme affreux du prince des Hassassens, et que ma gloire sera complète, si je puis un jour délivrer la Syrie du tyran qui l'opprime...

MOHAM, *à part.*

Nous t'en ôterons les moyens.... (*chant*) qu'Allah et Mahomet veillent sur tes destinées, sublime prince des chrétiens, et qu'Ali conserve tes jours précieux.

(*Moham sort; Kurd est conduit dans la forteresse par un écuyer; il se retourne et menace des yeux le Comte; Depardieu qui a saisi une partie de ce mouvement, l'examine avec inquiétude.*)

DEPARDIEU, *à part.*

Cet aveugle-là a une figure qui ne me revient pas du tout...

(*Il rentre dans sa cabane.*)

## SCENE VII.

**LE COMTE, LE SENECHAL, Ecuyers, Soldats, Sentinelles.**

LE COMTE

Eh bien, Sénéchal! vous avez vu avec quelle froideur Thélaïre a reçu mon hommage? cette tendre amitié de l'enfance que je m'étais flatté de faire renaître dans son cœur, a disparu pour jamais: le mien est profondément blessé par ses mépris; c'est en vain qu'elle invoque la sainteté des vœux qu'elle a prononcés, lorsqu'elle croyait, avec toute la Palestine, que j'avais péri dans les combats. J'ai cru démêler dans son âme un obstacle bien plus grand à mes désirs; et ce jeune Aliénor pour lequel elle semble avoir une prédilection si marquée.....

LE SÉNÉCHAL

Quoi! prince, vous penseriez?....

LE COMTE

Que Thélaïre a cessé de m'aimer, et qu'un autre plus heureux a mérité ses affections.

LE SÉNÉCHAL.

Comte, je connais la princesse depuis son enfance, et je ne puis croire qu'elle oublie ainsi ce qu'elle doit à son nom et à son rang.

LE COMTE

N'avez-vous donc pas remarqué, Sénéchal, que ce jeune étranger suit partout ses pas, que les yeux de la princesse sont constamment attachés sur les siens, avec un secret plaisir qu'elle cherche en vain à dissimuler? Aliénor réunit tout ce qui peut charmer, je dois l'avouer; et moi-même, séduit par les qualités de son cœur et de son esprit, touché par la douceur inexprimable de ses traits, qui me cause, malgré moi, je ne sais quelle émotion, je serai tenté de lui offrir mon amitié, si l'idée de la préférence que la belle Lusignan lui accorde, ne venait bouleverser mon âme, en y allumant tous les feux de la jalousie... Cette situation est trop pénible, elle ne peut durer long-tems encore; il faut que Thélaïre m'entende, que je réveille dans son cœur le sentiment d'un premier amour, que je lui rappelle nos sermens; enfin qu'elle décide, dès aujourd'hui, du bonheur ou du malheur de ma vie. Sénéchal, allez avec mes hommes d'armes vous assurer que mes ordres ont été suivis, et que les sujets du prince Philétas sont accueillis par les miens, avec les soins que réclame l'humanité ; vous viendrez me rendre compte de cette honnorable mission, et vous connaitrez alors quel sera le sort de votre souverain.

*( Le Sénéchal sort avec les écuyers et les soldats, les sentinelles sont relevées.)*

LE COMTE, *seul.*

Oui, le tourment que j'endure doit enfin cesser, je le sens aux agitations de mon cœur, l'incertitude est de tous les maux le plus insuportable.

## SCENE VIII.

### LE COMTE, ALIENOR.

ALIÉNOR.

Comte, la princesse Thélaïre reclame de vous la faveur d'un entretien particulier.

LE COMTE

Et c'est vous, chevalier, qu'elle a chargé de ce message.

ALIÉNOR

Pourquoi vous en étonner, seigneur? mon dévouement pour la princesse est connu.

LE COMTE, *avec ironie.*

Rien n'est plus vrai, chevalier, et l'on s'aperçoit aussi de l'amitié qu'elle vous porte.

ALIÉNOR

Cette amitié ne peut que m'honorer, seigneur ; servir, respecter les dames, n'est-ce pas une des lois de la chevalerie?

LE COMTE

Sans doute.... mais celui qui provoquerait au parjure, dans l'ombre du mystère, n'aurait-il pas manqué à tous ses devoirs.

ALIÉNOR

Seigneur, je ne vous comprends pas.

LE COMTE

Vous élevez, dit-on, vos prétentions jusqu'à la princesse de Lusignan?

ALIÉNOR

Moi, seigneur!

LE COMTE

Pourquoi le dissimuler ?

ALIÉNOR.

Si j'avais eu cette pensée, prince, bien loin de la cacher, je m'en ferais gloire.

LE COMTE.

Cette fierté convient à un guerrier. Achevez, Aliénor, et convenez enfin d'un sentiment que vous n'avez pu dérober à mes regards.

**ALIENOR.**

Je respecte la princesse Thé'aïre ; je suis prêt à sacrifier ma vie pour elle, voilà l'aveu que je puis vous faire, et prenez-garde, Seigneur, que le doute serait une injure.

**LE COMTE,** *avec un effort pénible.*

Cependant si The'aïre laissait percer à tous les yeux l'attachement que vous lui inspirez ; si cet attachement nou au blessait les droits d'un homme déjà honoré par le consentement qu'elle a donne jadis à son amour ; répondez, Chevalier, de quel côte se trouverait l'insulte ?

**ALIENOR,**

Avant de prononcer, Comte, je maintiens que la vertueuse Thélaïre est incapable de manquer aux lois de l'honneur ; celui qui ose attaquer le noble caractère de cette princesse, peut se nommer, je me déclare avec orgueil son chevalier.

**LE COMTE,** *ne pouvant plus se contenir.*

Aliénor, tes propres discours te trahissent... Thélaïre est coupable de perfidie.

**ALIENOR,** *avec force.*

Quel est son accusateur ?

**LE COMTE.**

Il est devant toi.

**ALIENOR.**

Prince, si je ne craignais de violer les droits de l'hospitalité....

**LE COMTE.**

Celles de l'honneur doivent l'emporter ; craindrais tu de percer mon sein, lorsque tu viens de le déchirer en y versant le poison de la jalousie ?.. Aliénor, tu es mon rival ; je suis offensé, trahi, j'ai perdu à jamais le paix et le bonheur....... Arrache-moi une existence qui m'est à charge, ou je vais frapper dans ton cœur l'image d'une femme perfide... ( *Le Comte met l'epee à la main.* )

**ALIENOR.**

Seigneur, on vous a trompé.

**LE COMTE.**

Défends-toi.

**ALIENOR,** *tirant aussi son épée.*

Ah ! prince, une aveugle rage vous entraine. (*Ils croisent le fer.*)

**LE COMTE,** *l'attaquant vivement.*

Défends-toi, te dis je....

**ALIENOR,** *se défendant.*

Thélaïre n'est point coupable.... Daignez m'entendre.

**LE COMTE,** *l'attaquant toujours.*

Je n'écoute que mon amour outragé

Le Comte desarme Aliénor ; Godefroy court sur lui l'épée haute pour le frapper.)

# SCENE IX.

### Les Précédens, THELAIRE.

##### THELAIRE.

Arrêtez !

##### LE COMTE, *laissant échapper son épée.*

Thélaïre ! grand Dieu !

##### THELAIRE.

Comte de Damas, ne le reprends jamais ce fer homicide ; il allait nous plonger tous deux dans un deuil éternel...

##### LE COMTE.

Il allait me délivrer d'un rival odieux...

##### THELAIRE, *vivement.*

Un rival ! lui ?..... Vous frémirez d'une erreur qui pouvait être bien funeste.... Aliénor, retournez auprès d'Athanaïs, et que ce qui vient de se passer, reste enseveli dans un mystère profond..... Thélaïre vous en conjure. La princesse de Lusignan vous l'ordonne.

##### ALIENOR.

Madame, comptez sur mon obéissance.

##### LE COMTE, *à part.*

Quel est donc l'empire que Thélaire a sur lui ?

(*Aliénor rentre dans le château.*)

# SCENE X.

## LE COMTE, THELAIRE.

##### THELAIRE.

Prince, je vous ai fait demander un entretien, êtes-vous prêt à m'entendre ?

##### LE COMTE, *avec une agitation concentrée.*

Je vous avoue, Madame, qu'une explication est indispensable à notre commune tranquillité.

##### THELAIRE.

Je vais vous satisfaire... Aveuglé par une passion fatale, vous avez accablé du poids de votre colère un Chevalier qui ne vous avait point offensé.

##### LE COMTE.

S'il est vrai qu'il est aimé de vous, je vois en lui mon plus grand ennemi.

##### THELAIRE.

Qui vous a donné le droit d'interpréter ma conduite et de m'accuser ? Interrogez ma vie toute entière, prince, vous connaitrez que la seule erreur de Thélaire fut son amour pour un ingrat qui l'en punit aujourd'hui bien cruellement, en troublant le calme de son existence.

LE COMTE, *ému.*

Je pourrais vous croire, Madame, si tout ne me prouvait que le
sentiment si doux que j'avais eu le bonheur de vous inspirer, n'a
pu résister à l'absence, et si la préférence que vous accordez à ce
jeune Chevalier, ne contrastait aussi fortement avec la froideur
dont vous m'accablez moi-même,

THELAIRE.

J'ai vu naître Aliénor; j'ai diri é en partie son éducation, je
l'aime.. comme une mère aimerait son fils... Quant à lui, Seigneur,
il pa e mes soins par le plus profond respect : qui pourrait blâmer
sa conduite ou la mienne ? Je ne descendrai point à me justifier;
toutefois, je ne veux laisser aucun doute dans votre esprit......
Apprenez donc, prince, que le jeune Aliénor nourrit, sans le savoir, une passion vive dans le fonds de son cœur; il aime Athanaïs.

LE COMTE.

Sa sœur !

THELAIRE.

Athanaïs n'est point sa sœur; j'ai deviné le mutuel sentiment qui
fermentait en secret dans ces deux jeunes cœurs; j'ai résolu de
faire cesser leur inquiétude, et j'ai l'approbation du prince des
Druses pour les unir l'un à l'autre.

LE COMTE, *confus.*

Ah! que ne vous dois-je pas, princesse, pour avoir désarmé
mon bras... La fureur m'égarait, et j'allais devenir bien coupable !..

THELAIRE.

Plus que vous ne le pensez peut-être...

LE COMTE.

Mais lorsque votre active bienveillance s'occupe ainsi du bonheur de tout ce qui vous entoure, faut-il Madame, que je sois le
seul qui n'obtienne rien de vos bontés?

THELAIRE.

Ne croyez pas qu'un fol orgueil me fasse rejeter vos propositions; j'atteste ce Dieu auquel j'ai dévoué ma vie, que mon bonheur eût été de vous la consacrer. Après cet aveu qui doit faire
évanouir vos inquiétudes et bannir vos soupçons, je n'ajouterai plus
qu'un seul mot ....... Mes sermens volontaires m'ont arrachée au
monde ; aujourd'hui, entraînée pas un intérêt plus puissant encore
que ceux que vous connaissez, je consentirais peut-être à y rentrer,
si le ciel me remettait mes vœux; mais jamais je ne m'abaisserai
jusqu'au point d'en solliciter la dissolution.

LE COMTE.

Grand Dieu! c'est à l'instant même où je me croyais arrivé au
comble du malheur, que tu fais luire à mes yeux l'espérance !..

THELAIRE.

Vous ai-je rien dit, Seigneur, qui puisse causer cet aveugle
transport?

LE COMTE.

Ah! madame, daignez l'excuser.

THÉLAIRE.

Expliquez-vous ?

tous mes hommes d'armes ; qu'une fête soit à l'instant préparée
dans le château, je veux qu'autour de moi tout respire aujour-

LE COMTE.

Persuadé que vous aviez cessé d'être sensible à mon amour, j'a-
vais gardé jusqu'à ce moment le silence ; mais quand vous ras-
surez mon cœur alarmé, je ne dois plus vous cacher, que le pouvoir le plus auguste a prononcé l'abolition de l'ordre dont vous
êtes grande maîtresse : cet écrit du Roi, Lusignan votre oncle,
vous confirmera cette importante décision, et vous y trouverez
son contentement royal aux nœuds que je vous propose de former,
si vous daignez enfin m'accorder la récompense de tant d'années
passées loin de vous dans les regrets et dans la douleur.

THÉLAIRE, parcourant l'écrit avec émotion.

Je suis dans un étonnement.

LE COMTE.

Eh bien, Thélaïre, céderez-vous aux prières d'un homme qui
vous adore ?

THÉLAIRE.

Comte, je n'ose prononcer...

LE COMTE.

Pouvez-vous hésiter encore, ma chère Thélaïre, lorsqu'il s'agit
du bonheur de mon existence ?

THÉLAÏRE.

Un changement aussi prompt...

LE COMTE.

Ne peut étonner que ceux qui n'ont jamais aimé.

THÉLAIRE.

Vous exigez ?

LE COMTE, à ses genoux.

Je n'exige rien ; mais je jure à vos pieds d'employer toute ma vie
pour embellir la vôtre.

THÉLAIRE, le relevant.

Vous l'emportez, Prince, ma main est à vous...

LE COMTE.

Je jure Dieu et l'honneur que je saurai la mériter.

THÉLAIRE.

Ah ! dans cet instant heureux, je ne puis résister au besoin de
vous ouvrir mon âme toute entière. Sachez que le ciel a passé vos
espérances . Aliénor...

LE COMTE.

Pourquoi êtes-vous si émue en prononçant son nom ?

THÉLAIRE.

Celui que votre cœur haïssait... à qui vous vouliez arracher la
vie...

LE COMTE.

Achevez, Thelaire.

*Le Vieux*                                                          E

THELAIRE.

Ah! ne devinez-vous pas mon secret à l'agitation que j'éprouve?....

LE COMTE.

Parlez, au nom du ciel?...

THELAIRE.

Alienor est votre fils.

LE COMTE.

Alienor, mon fils... grand Dieu! tu n'as pas permis que mon bras dénaturé commît un crime aussi exécrable.... Alienor est mon fils!.. Ah! courrons réparer tout le mal que je lui ai causé, et que ma cour partage la joie bien pure qui enivre mon ame.

THELAIRE.

Je désire pouvoir disposer le cœur d'Alienor et celui d'Aathanais à recevoir avec calme l'annonce du bonheur qui les attend; et si vous le permettez, seigneur, en proclamant notre hymen et les droits de notre fils au thrône de Damas, la même cérémonie qui bénira notre union assurera à jamais la félicité de ces chers enfans.

LE COMTE.

Puis-je avoir une autre volonté que celle de ma Thelaire? vos désirs, ô! mon amie, seront toujours des ordres pour moi... mais vous permettrez du moins que, dès ce moment, tous mes sujets partagent ma joie .. Oui, je veux que dans les chaumières comme dans mon palais, le nom de Thelaire devienne partout le signal de la paix et de la publique ivresse.

## SCENE XII.

Les précédens, le Sénéchal, Ecuyers, Soldats, DEPARDIEU, MEILA, RIZELIS, MOHAM, vieillards Arméniens et jeunes Arméniennes.

LE SÉNÉCHAL.

Prince, vos ordres ont été fidélement exécutés, la tranquillité la plus parfaite regne partout; non loin de ces murs j'ai rencontré ces Arméniens et je les ai fait conduire ici pour recevoir vos ordres.

MOHAM.

Prince des Chrétiens, je viens une seconde fois implorer ta pitié... ces malheureuses femmes, ces vieillards sont échappés aux satellites du Vieux de la Montagne... Tu as reçu mon père dans ton château, ta hautesse daignera-t-elle, pour cette nuit seulement, nous y donner un azyle?

LE COMTE.

Cela est impossible; mais vous les retenez ici sous la garde de mes guerriers, et tous les secours vous seront prodigués: ( à Depardieu ) sergent d'armes, c'est vous que je charge de ce soin.

DEPARDIEU.

Monseigneur sera obéi.

LE COMTE.

Sénéchal, que des vivres soient distribués à ces étrangers et à d'hui le bonheur et l'allégresse... Madame, retournons auprès du chevalier Alienor, du prince des Druses et de la belle Athanais, il me tarde de les accueillir avec tous les honneurs qui [sont dus à des hôtes aussi chéris.

(*Il entre au château avec la princesse, le sénéchal, les gardes et les écuyers, la nuit vient par degrés et l'on apperçoit petit à petit le clair de lune, la grille du château se ferme; Rizelis cause à part avec Meila. Quelques hommes d'armes se placent dans la maison du concierge, comme dans un poste avancé.*)

## SCENE XIII.

RIZELIS, MEILA, MOHAM, DEPARDIEU, Arméniens, Arméniennes, hommes d'armes.

MEILA, *voulant rentrer.*

Eh bien! la grille fermée! comment vais je faire pour rentrer au château?

MOHAM, *à part.*

Par quel stratagême pénétrer auprès de Kurd. (*il réfléchit.*)

DEPARDIEU.

Oh! par ma foi, il n'y a plus moyen.

RIZELIS.

Tant mieux, je ne t'ai pas vue de la journée, tu resteras avec nous.

MEILA.

La nu't?

DEPARDIEU.

Jeune fille! il n'y a pas de mal à cela, vous serez ici en bonne compagnie, une nuit est bientôt passée...

RIZELIS.

Eh! puis, monseigneur a dit de se livrer à l'allégresse, pas vrai qu'il l'a dit?

DEPARDIEU.

C'est çà, nous nous divertirons tous ensembles...

MOHAM, *à part.*

Excellent moyen!... (*à Depardieu.*) Le seigneur sergent voudrait-il nous permettre de prendre part à la joie générale?

DEPARDIEU, *froidement.*

Comme tu voudras.

MOHAM, *montrant un flacon.*

J'ai sauvé du naufrage un flacon de vin de Candie.

DEPARDIEU, *avec gaieté.*

Diable! ceci mérite réflexion...

RIZELIS.

Du vin de Candie, ce doit être bien sucré?

MOHAM.

Eh bien, cela peut-il plaire au seigneur sergent?

DEPARDIEU.

Quand le vin est bon, il faut le boire, c'est mon avis, à moi.

MOHAM.

Voilà un axiome tout-à-fait sage : ( *il présente le flacon, le concierge boit* ) Eh ! qu'en dites-vous ?

DEPARDIEU, *riant.*

Excellent... foi de croisé!... Ah çà vous n'en buvez pas du vin, vous autres, enfans de Mahomet ?

MOHAM.

C'est notre loi. ( *il boit.* )

DEPARDIEU.

Parbleu ! voilà une loi joliment observée.

MOHAM.

Je vous le dis tout bas, parmi nous, comme ailleurs, la loi est un filet un peu mince qui ne prend que les petits poissons.

DEPARDIEU, *riant.*

Je t'entends, vieux pêcheur.

RIZELIS, *à Meila.*

A quoi penses-tu donc là, toute seule ?

MEILA.

Je réfléchis que c'est bien singulier, que monseigneur le comte de Damas, qui était si triste, si sombre quand nous sommes arrivés, soit devenu si gai....

RIZELIS.

Oh ! vois-tu Meila, c'est que la gaieté, ça va, ça vient.... c'est comme moi, quand je te vois, ou ne te vois pas....

DEPARDIEU, *après avoir bu.*

A votre tour, brave Arménien...

MOHAM, *prenant le flacon.*

Surtout qu'on ne me voie pas, c'est l'essentiel.

DEPARDIEU.

C'est ce que je disais jadis, quand je faisais l'amour. . . .

MOHAM.

Je suis bien aise que mon vin te donne ces jolis petits souvenirs .. encore un coup ( *il le fait boire* ) ( *à part* ) c'est notre surveillant le plus incommode, tachons de nous en débarrasser.

DEPARDIEU.

Délicieux ! vrai. ( *deux valets entrent avec un grand panier.* )

RIZELIS.

Monsieur le sergent, voici des gens qui vous demandent.

DEPARDIEL.

Ah ! ah ! ce sont les rafraichissemens que le bon Sénéchal nous envoie. Allons, mes enfans, grand festin et fête complette (*à Moham*) Mon ami, si tes femmes veulent se reposer dans mon logis, et tout-à-fait à ton service. ( *Les soldats se groupent de divers s.* )

MOHAM.

besoi je ne perds pas comme ça de vue mes belles esclaves; j'ai elles pour refaire ma fortune.

RIZELIS, *à Meila, qui mange et boit.* )
Eh! bien, tu n'es plus mécontente, je parie, d'être avec nous.

MEILA,
Laisse-moi

DEPARDIEU, *après avoir bu.*
J'entens, c'est là votre petit commerce, à vous autres marchands arméniens.

RIZELIS, *à Meila.*
Fi! la petite boudeuse.

MOHAM.
Ce commerce-la a enrichi beaucoup de gens qui, à présent, brrr!!!!...

DEPARDIEU.
Chut! on ne parle pas de cela tout haut... ( *regardant les groupes.* ) Allons, puisque nous sommes tous en joyeuse disposition, égayons la veillée par une ronde.

MOHAM,
Vous avez la une bien bonne idée. ( *à part* ) Cette gaieté me sera utile pour écarter tout sonpçon. ( *Depardieu boit.* )

RIZELIS,
Va pour la ronde, ma petite Meila, nous ferons chorus, pas vrai?

MEILA.
Je n'ai pas du tout envie de chanter.

RIZELIS,
Eh! bien, tu danseras sur le refrein.

MEILA.
Ni de danser.

DEPARDIEU.
Celle que je vais vous chanter n'est pas faite d'aujourd'hui.....

MEILA, *donnant un soufflet à Rizelis qui veut l'entrainer.*
Tiens.

RIZELIS.
Oh! la, la!

DEPARDIEU.
Mais c'est bien tapé....

RIZELIS,
Je ne trouve pas ça, moi.

DEPARDIEU,
Ecoute... tu vas voir. ( *Il chante.* )

## CHANSON.

### PREMIER COUPLET

Le vin est bon dans tous les temps,
Aux vieillards il rend la jeunesse,
Il donne aux jeunes du bon sens,
Et de la force à la faiblesse.

( *Depardieu boit, les hommes d'armes font de même, les arméniens font quelques légers mouvemens de danse en formant des groupes comiques.* )

S'agit-il de parler d'amour ?
Un peu de vin rend moins sauvage
La beauté jeune et sage ;
Et l'amant timide à son tour,
Reprend courage
Dès qu'il a bu le petit coup de vin.
Point de chagrin,
C'est mon refrein,
Buvons du vin.

*( Après le refrein répété en chœur, Moham fait un signe aux arméniens qui continuent de danser. )*

RIZELIS.

Voilà une danse bien drôle toujours.

MOHAM.

Tu en verras une autre plus singulière tout-à-l'heure.

RIZELIS.

Oui ? tant mieux.

DEPARDIEU, *après avoir bu, et la langue un peu embarrassée.*
Voulez-vous bien ne pas m'interrompre, vous autres.

RIZELIS.

Silence, donc !..

DEPARDIEU *chante.*

SECOND COUPLET.

Le vin, dit-on, rend indiscret ;
C'est une pure calomnie :
Que ferait-on, sans cabaret,
Sur le grand chemin de la vie ?.

( *Minuit sonne à l'horloge du château.* )

MOHAM, *avec une joie concentrée.*

C'est minuit. ( *Depardieu se lève en chancelant.*

RIZELIS.

Déjà minuit. Vois, ma petite Méïla, comme le tems passe quand on s'amuse.

MEÏLA, *avec humeur.*

Joli amusement ! Moi, je ne m'amuse pas du tout.

DEPARDIEU.

Voici la fin de mon dernier couplet... Attention !...

MOHAM, *bas aux Armeniens.*

Attention ! ( *Il leur montre le rempart.* )

DEPARDIEU, *chante.*

Un vrai buveur est toujours franc :
Hors moi, j'estime la franchise ;
Il faut que je le dise,
L'homme dissimulé qui ment,
Je le méprise ;
Il serait franc s'il buvait du bon vin :
Point de chagrin,
C'est mon refrein ;
Buvons du vin.

*( Pendant cette fin du dernier couplet, Rizélis, Méïla et les hommes d'armes se sont rapprochés du chanteur. )*

# SCENE XIV.

## Les Précédens, KURD, *sur le rempart.*

*( Kurd paraît sur le rempart, et frappe de son poignard la sentinelle qui tombe, et reste caché par le mur; en même-tems, Depardieu, chancelant, tombe sur le banc; les jeunes Arabes, déguisés en vieux Armeniens, quittent leurs turbans et leurs barbes; deux d'entr'eux escaladent le rempart au moyen de l'echelle de corde jetée par Kurd; les autres preparent leurs armes; pendant ce mouvement, les hommes d'armes, dansent avec les Armeniennes; Depardieu s'endort, et Rizélis se met à la tête de la danse avec Méila qui a repris sa bonne humeur.)*

*( Tout-à-coup on entend un grand bruit d'armes et de cris dans le château.)*

*( Les jeunes Arabes saisissent les hommes d'armes en les menaçant de leurs poignards; on entend crier partout aux armes! aux armes!*
*( Depardieu s'éveille, et rentre en chancelant dans sa cabane.)*

### DEPARDIEU.
Qu'on me donne ma lance de bataille.

*( Les hommes d'armes disparaissent en combattant avec les jeunes Arabes. Rizélis et Méila épouvantés se cachent dans les arbres.*

# SCÈNE XV.

## MOHAM, KURD, ARABES.

*( Moham a jetté son déguisement, il fait avancer un peloton d'Arabes qui se tenait caché pour attendre ses ordres; on voit Kurd et les deux jeunes Fedawi, qui ont pénétré dans le château, forcer la grille à coup de haches; des qu'elle est enfoncée, les Arabes se précipitent dans l'intérieur avec Moham.)*

# SCÈNE XVI.

## RIZELIS, MEILA.

### MEILA.
Il ne fait pas bon ici.

### RIZELIS.
Non, il n'y fait pas bon du tout, du tout; allons donner l'alerte au château. ( *Ils vont pour rentrer.* )

# SCENE XVII.

## Les Précédens, MOHAM.

### MOHAM, *sortant brusquement du château.*
Alte là..... Me reconnais-tu maintenant? Pour cette fois, je te tiens.

### RIZELLIS, *effrayé.*
Encore ces vilains yeux (*criant.*) A moi, à moi.

## SCENE XVIII.

### Les Précédens, DEPARDIEU.

DEPARDIEU, *il sort de sa cabane avec une grande hallebarde rouillée, il est encore un peu ivre.*

Me voilà ! me voilà !

(*Moham court sur lui et l'attaque, tous deux disparaissent. Rizélis et Méila se cachent de nouveau.*)

## SCENE XIX.

### ATHANAIS, KURD, FEDAVI, THELAIRE, Arabes.

( *Pendant l'action précédente Athanais est sortie du château, entrainée par deux Fedavi, et des pelotons arabes ont paru de divers côtés conduits par le chef de la garde d'Histerkan.*

ATHANAIS, *criant.*

Aliénor !. . . Aliénor!...

ALIÉNOR, *sortant du château.*

Thélaïre ! Athanaïs. .je vole à votre secours.

( *Il veut courir vers elles; les arabes lui barrent le chemin ; une mêlée s'engage; les combattans disparaissent dans le fond.*)

## SCENE XX.

### Femmes Esclaves.

Les Arméniennes qui, au premier tumulte s'étaient cachées derrière la cabanne du concierge, se sauvent pour aller rejoindre leur maître.

## SCENE XXI.

### ALIENOR, seul.

( *Il rentre égaré; son épée est rompue dans ses mains ; il parcourt la scène en désordre.* )

ALIENOR.

Le sort a trahi mon courage, et ce glaive brisé dans mes mains, me livre sans défense à nos perfides ennemis; le désespoir me fournira des armes.... Oui, je vole sur les traces d'Athanaïs ; je combattrai les scélérats qui l'entraînent, je sauverai ma sœur; ou, si je succombe dans cette noble lutte, je partagerai les fers qui lui sont destinés...

# SCÈNE XXIII.

## ALIÉNOR, le Chef de la garde, FEDAVI.

( Pendant qu'Aliénor parlait, quelques Fédavis se sont glissés sans bruit derrière
le fossé ; au moment où le Chevalier veut sortir, ils l'entourent et le saisissent.
Aliénor désarme un des Fédavis, et combat avec rage ; mais le nombre l'emporte, il est entraîné. )

# SCÈNE XXIV.

## LE COMTE, Soldats croisés.

### LE COMTE, *sortant du château.*

Soldats, délivrez Aliénor...

( Les hommes d'armes se précipitent sur les traces des Fédavi.)

# SCÈNE XXV.

## LE COMTE, le Chef de la garde d'Histerkan, un Fedavi.

( Le Comte veut suivre le mouvement des Soldats, il se trouve arrêté par le
Chef des Arabes ; il le combat et le renverse ; dans ce moment le jeune Fédavi
qui s'était caché, tire un poignard et l'enfonce dans le sein du Comte. )

### LE COMTE, *avec un cri terrible.*

Oh ! trahison ! Dieu !...

( Il chancelle, et tombe sur le banc de verdure. Le Chef Arabe et le
Fédavi se sauvent avec précipitation. )

# SCÈNE XXVI.

## LE COMTE, PHILETAS, LE SENÉCHAL, DEPARDIEU,
( RIZELIS, MEILA, Ecuyers, Soldats croisés.

Tous sont sortis du château à la suite du Prince des Druses, et s'arrêtent épouvantés en voyant le Comte expirant.)

### PHILETAS.

O ! malheur effroyable !

LE COMTE, *se soulevant avec peine, et soutenu par le Sénéchal,*

C'en est fait... L'exécrable Histerkan triomphe... Chevaliers,
avec mon dernier soupir, recevez cet aveu. ... Thélaïre est mon
epouse .. Aliénor est mon fils et votre souverain .. Mais je sens affaiblir mes forces... la douleur... un froid mortel... Jurez de me
venger, de sauver Thélaïre et mon fils...

### TOUS,

Nous le jurons !... Vengeance !

### LE COMTE.

Mes amis, adieu pour toujours... Ah ! qu'il est cruel d'expirer
loin de ceux que l'on aime... Thélaïre.. ma chère Thélaïre !

( *Il tombe expirant ; un groupe de douleur se
forme autour de lui.* )

## *Fin du second acte.*

Le Vieux.                                                                    F

# ACTE III.

*Le Théâtre représente les Jardins du vieux de la Montagne, dans le château de massiate; à droite de l'acteur est un trône, en avant un massif d'arbustes en fleurs : à gauche un pavillon, on y monte par deux ou trois marches; auprès du pavillon est un obélisque. Dans le fond une galerie traverse tout le jardin, elle est soutenue par des colonnes légères et ornées de vases de fleurs; cette galerie est supposée conduire au vieux palais ou sérail; en dessous, on apperçoit les diverses fabriques du jardin, parmi lesquelles on distingue une petite tour ou minaret; dans le lointain le sommet du Mont-Liban, s'élève dans les airs.*

## SCENE PREMIERE.

THELAIRE, KURD, Gardes du sérail, *(Thélaire est enchainée.)*

### THÉLAIRE, *à Kurd.*

Ou me conduis-tu?

### KURD.

En présence de ton maître et du mien.

### THÉLAIRE

De mon maître! apprends que Thélaire n'en connait point d'autre que l'éternel souverain de tous les princes de la terre.

### KURD

On saura dompter cette arrogance.

### THÉLAIRE

Misérable! *(à part.)* A quelle humiliation suis-je réduite? moi, la fille et la sœur des rois, l'épouse du comte de Damas; enchainée, conduite comme une esclave, dans un vil harem, au milieu des ennemis les plus farouches de la loi de mes pères!.. Mais le brave Godefroi viendra bientôt briser mes chaines; qu'il m'est doux de penser que je devrai la liberté à son courage, à celui de mon fils: je ne serai point indigne du sang qui coule dans mes veines, une Lusignan doit savoir braver les coups de l'adversité : oui, les fers deviennent honorables quand c'est l'injustice qui les donne. j'apperçois notre persécuteur, tâchons de contenir l'indignation que sa présence m'inspire.

# SCENE II.

Les Précédens, HISTERKAN, MOHAM, le jeune FEDARI, meurtrier de Godefroi, FLEUR-DE-MIRTHE, Arabes et Femmes de la suite du Prince du Libân.

MOHAM, *montrant le jeune Fédari.*

Sublime Seigneur, tu vois à tes genoux le sujet fidèle qui a poignardé ton ennemi, au péril de ses jours.

THÉLAIRE, *à part.*

Le scélérat !

HISTERKAN, *posant sa main droite sur la tête du jeune Fédavi.*

J'affranchis ce courageux esclave, qu'il soit conduit dans le paradis de Massiate, qu'on l'unisse à l'objet qu'il aime, que les honneurs et les richesses, deviennent son partage, et qu'il passe une vie immortelle, dans l'ivresse du plaisir et du bonheur. Arabes du Liban, c'est ainsi que le Prince de la Montagne, récompense ceux qui lui dévouent leur existence.

( Le jeune Esclave est couronné de fleurs par les femmes, et sort au milieu d'elles. )

# SCENE III.

## HISTERKAN, THELAIRE, MOHAM, FLEUR DE MIRTHE, KURD, Gardes.

THÉLAIRE

Voilà donc les moyens qu'Histerkan emploie pour abuser de la crédulité de ces misérables, et les rendre les instrumens de sa vengeance ?

HISTERKAN

Thélaire, il est tems de changer de langage, le sort des armes t'a livrée entre mes mains.

THÉLAIRE

Dis la ruse et la perfidie.

HISTERKAN

L'adresse ne fut-elle pas de tous tems, la compagne de la force ? l'une et l'autre t'ont fait tomber dans les fers, apprends à te soumettre à la nécessité.

THÉLAIRE

En t'écoutant avec calme, je crois te prouver assez que je sais tout supporter.

HISTERKAN

J'excuse l'amertume de ce discours ; je suis disposé à briser tes chaînes, et à t'envoyer dans l'isle de Chipre, près du Roi Lusignan, le chef de ta famille, si tu m'engages ta parole, que, pour prix de ta rançon, il renoncera pour toujours aux prétentions qu'il a conservées sur la Syrie.

**THÉLAIRE**

Espères-tu que Lusignan, pour me sauver, ait la faiblesse de sacrifier ses droits ? et me crois-tu assez lâche pour l'exiger de lui?

**HISTERKAN**

Les tems sont arrivés, où le croissant doit triompher de la croix; les Druses ont cessé de compter parmi les peuples du Liban; la bannière de Damas flottait seule dans la Syrie, elle est tombée sous le glaive de mes soldats, pour ne plus se relever.

**THÉLAIRE**

Tu t'abuses, Histerkan, les Chevaliers qui la défendaient, aujourd'hui vaincus, peuvent être demain sous tes murs; et quand le comte de Damas paraîtra à leur tête, la victoire cessera d'être infidelle à ses étendarts.

**HISTERKAN**

Tu ne sais donc pas que le comte de Damas à terminé sa carrière ?

**THÉLAIRE**, *avec effroi.*

Quoi ! le brave Godefroi n'existerait plus!.... mais non, des guerriers tels que lui, ne sont pas si faciles à vaincre... Quel Chevalier aurait osé le combattre ?

**HISTERKAN**

Tu viens de voir récompenser celui qui l'a frappé.

**THÉLAIRE**

Ah ! barbare!... c'est donc par la plus odieuse perfidie, que tu as fait massacrer celui dont tu n'aurais pu triompher les armes à la main?.. mais, tremble, homme féroce, Aliénor sera son vengeur.

**HISTERKAN.**

Aliénor est mon prisonnier.

**THÉLAIRE**, *égarée.*

Si la fortune m'a trahie jusqu'à ce point, que m'importe la liberté, la vie... appelle tes bourreaux, frappe, tyran, voilà la victime.

**HISTERKAN.**

Quel intérêt si puissant t'attachait donc à ces deux chevaliers ?

**THÉLAIRE.**

Quel intérêt, dis-tu ? — L'un était mon époux . . . et l'autre... (*à part.*) O ciel ! j'allais trahir mon secret.

**HISTERKAN.**

Achevez, madame.

**THÉLAIRE**, *se contenant*

Et l'autre avait juré de te percer le cœur.

**HISTERKAN**, *souriant avec ironie.*

Je redoute peu le frère d'Athanaïs...il changera de sentimens lorsque je l'aurai élevé aux plus hautes dignités et que j'aurai reçu la main de sa sœur.

**THÉLAIRE**, *avec étonnement.*

Quel nouveau forfait médites-tu ?... la main d'Athanaïs!

HISTERKAN.

Athanaïs est dans mon sérail , et j'espère qu'aujourd'hui même,
elle m'appartiendra pour toujours,

THELAIRE.

Prince coupable, tu ne sais pas...

HISTERKAN, *avec fierté.*

Madame !

THELAIRE.

Prends garde Histerkan, la patience céleste doit enfin se lasser...
l'orage a grondé , il va peut-être éclater sur ta tête.

HISTERKAN.

Tes discours ne peuvent changer mes résolutions, et je veux, que
toi-même , tu sois témoin de mon bonheur.

THELAIRE, *avec réflexion.*

Eh bien, promets-moi que cet hymen ne s'accomplira qu'en ma
présence.

HISTERKAN.

Je le jure par Mahomet.

THELAIRE.

J'accepte ce serment. ( *a part.* ) Je pourrai donc prévenir le
crime , et quand j'aurai fait connaître l'affreuse vérité , je verrai le
repentir, le désespoir déchirer cet inflexible cœur... Mânes sacrés
de mon époux ! vous serez vengés !

HISTERKAN, *a Kurd.*

Esclave, fais tomber ces chaînes, et que Thélaire soit conduite
dans le palais du vieux sérail.

THELAIRE.

Quand ta bouche a commandé le meurtre du noble chevalier
qui m'avait choisi pour sa compagne, ta pitié devient une insulte :
je garde ces fers, c'est le deuil le plus glorieux pour la veuve du
comte de Damas.

HISTERKAN.

Lorsque ces premiers transports seront appaisés, songez, madame, que votre liberté dépend des propositions que je vous ai faites.

THELAIRE.

Et vous, prince, n'oubliez pas votre serment.

( *Elle sort, Kurd et une partie des gardes l'escortent* )

## SCENE IV.

HISTERKAN , MOHAM , FLEUR-DE-MYRTE et Gardes.

HISTERKAN.

Eh bien , Moham, puis-je espérer enfin que l'aimable Athanaïs
sera sensible à mon amour ?

MOHAM.

Jusqu'à présent elle semble peu touchée de tout ce que ta hautesse veut bien faire pour elle : pour subjuguer un peu sa fierté , je
l'ai fait conduire dans cette partie des jardins qu'on appelle le

désert.., A la vue de ce site horrible, la pauvre petite, se croyant seule, abandonnée de la nature entière, a versé un torrent de larmes... J'attendais ce moment pour introduire près d'elle le jeune favori de ta hautesse (*il montre Fleur-de-Myrthe.*) la vue de cet enfant l'a calmée, elle a consentie à prendre le breuvage qu'il lui offrait, avec un peu de nourriture; cette boisson que ton serviteur fidèle avait fait préparer à dessein, l'a bientôt plongée dans un assoupissement profond... ce soporifique n'est point dangereux quoique son effet se prolonge quelque tems encore après le réveil.. Enfin, seigneur, dans un moment les femmes de ton harem conduiront dans ces bosquets ta nouvelle conquête.

HISTERKAN.

Moham, je veux récompenser tes soins.

(*Il lui présente une aigrette.*)

MOHAM.

Non, non, seigneur, je n'accepterai pas ces diamants, certainement, je ne les accepterai pas. (*à part.*) Je voudrais déjà les tenir. (*il prend l'aigrette.*) A quoi bon ce riche cadeau? servir ta hautesse, n'est-ce pas la plus belle récompense. (*à part.*) Mais ces pierres précieuses ont bien leur prix, quel éclat!

HISTERKAN, *montrant Fleur-de-Myrthe.*

J'aurai soin aussi de ce petit esclave muet.

MOHAM.

Seigneur, si j'osais te le dire, cet enfant ne te sert pas comme il devrait le faire... Je l'ai toujours vu montrer de l'intérêt aux malheureux que ta hautesse condamne; est-ce là le fait d'un serviteur dévoué? tout-à-l'heure encore, je l'ai surpris plaignant le sort de cette femme audacieuse qui bravait ton courroux: Fleur de myrthe est né chrétien, et que le prophète Ali me confonde, s'il dément jamais le sang odieux dont il sort.

HISTERKAN.

Il a dès long-tems oublié sa naissance; mais pour être plus sûr de son dévouement, c'est à toi que je confie son éducation.

MOHAM

A la bonne heure, j'ai de bons principes, moi, et puisqu'il devient mon élève, je réponds de lui corps pour corps.

HISTERKAN.

Quelques partis ennemis ont paru dans nos montagnes, tu vas donner l'ordre à mes Arabes de les repousser hors de nos limites.

MOHAM.

Comment, ces ennemis du Koran ont l'insolence de nous attaquer ...que ta hautesse soit tranquille, je lui en rendrai bon compte.

(*il sort avec les gardes.*)

## SCÈNE V.

### HISTERKAN, FLEUR-DE-MYRTHE.

(*On entend une musique guerrière.*)

HISTERKAN.

Mes odalisques sortent du harem, leur brillant cortège se dirige

vers ces lieux. Je vais donc revoir Athanais! je veux jouir de sa
surprise, et qu'à son réveil elle se trouve environnée de toute la
pompe des trônes de l'orient, unie aux tableaux voluptueux du paradis de Mahomet... elle approche... ah! je sens aux battemens de
mon cœur, qu'Athanais est celle qu'Ali a désignée pour embellir
ma vie.

## SCENE VI.

Les Précédens, ATHANAIS, Odalisques, Femmes esclaves,
du harem, FEDAVI, Enfans du sérail.

( *Athanais est couchée et endormie sur une ottomane; de jeunes et
jolies esclaves traînent le lit. Les odalisques et les fedavis
rangés autour d'Athanais, tiennent à la main des guirlandes et
des fleurs. Le prince l'examine avec intérêt et semble attendre son
réveil. Une harmonie douce et lointaine se fait entendre. Athanais fait un mouvement: elle semble sourire; elle étend les bras;
Histerkan met la main sur son cœur en dirigeant vers elle ses
regards passionnés.* )

### HISTERKAN.

Un sourire a paru sur ses lèvres... son sommeil va bientôt se dis-
siper aux sons de cette musique mystérieuse. Ma présence pourrait
la surprendre. Du fond de ce pavillon, je serai témoin des sensa-
tions qu'elle va éprouver.... Esclaves, que tout présente aux regards de ma bien-aimée les tableaux séduisans du bonheur et de
l'amour. ( *Il rentre dans le pavillon.* )

## SCENE VII.

ATHANAIS FLEUR-DE-MYRTHE, Odalisques, Enfans, Esclaves et jeunes Fédavi.

( *Les esclaves forment divers groupes autour d'Athanais, celle-ci
les regarde avec surprise en se réveillant.* )

### ATHANAIS, *très affaiblie.*

Où suis-je?... ces jardins sont magnifiques!., je ne me souviens
pas de les avoir jamais vus. ( *elle se lève.* ) Ma tête est appesantie,
j'ai peine à me rappeler ce qui m'est arrivé; et je me crois encore
bercée par un songe... qui a pu me conduire dans ces lieux en-
chantés? et Aliénor... ah! sans lui, sans mon tendre frère quels
plaisirs peuvent flatter le cœur de l'infortunée Athanais. ( *apper-
cevant Fleur de mirthe.* ) Cet enfant paraît sensible à mes peines...
( *l'appelant.* ) Viens, viens, mon ami. ( *il s'approche.* ) Tu resteras
près de moi, n'est-ce pas? ) *Fleur de Myrthe met la main sur
sur son cœur.* ) Tu me le promets, n'est-ce pas. ( *il étend la main
et le jure.* ) Mais que me veulent ces femmes, ces esclaves...( *il lui dit
qu'ils désirent célébrer son arrivée.* ) J'entends, ils sont venus pour

calmer ma douleur par l'image de leurs plaisirs... hélas! elle est trop profonde! (*Fleur de myrthe la supplie de recevoir leurs hommages.*) Tu le veux, aimable enfant, eh bien, je consens à être un instant témoin de leurs jeux. (*les esclaves la conduisent vers l'ottomane.*)

## BALLET.

( *Les odalisques et les fédavi peignent, dans leurs groupes variés, leurs attitudes volu; tueuses et leurs danses, les délices de l'amour heureux; l'effet du breuvage agit encore sur Athanaïs; elle est rêveuse; son sein semble battre avec un certain plaisir mélangé de quelques regrets.* )

## SCENE VIII.

Les Précédens, HISTERKAN, *sortant du pavillon.*

( *Athanaît l'apergoit, elle se lève avec agitation et inquiétude.* )

### ATHANAIS

Ciel! Histerkan!...

### HISTERKAN

Pourquoi cet effroi? rassures-toi, charmante Athanaïs, le prince du Liban mettra désormais tous ses soins à te plaire: dans son palais, dans son sérail, tu commanderas en souveraine; partout les plaisirs naîtront sous tes pas, et l'amour couvrira de fleurs la chaîne brillante qui va lier nos destinées.

### ATHANAIS

Ah! prince, s'il est vrai que vous m'aimez, permettez-moi de retourner auprès d'un frère chéri.

### HISTERKAN

Tous les délices de ce séjour ne peuvent-ils un instant distraire ta pensée de ceux que tu regrettes?

### ATHANAIS

J'avais juré de ne jamais les quitter.

### HISTERKAN

Eh! bien, Athanaïs, tu les reverras; lorsque tu auras couronné mon amour. Réponds-moi, consens-tu enfin à rendre Histerkan le plus heureux des mortels?

### ATHANAIS

S'il faut vous l'avouer, prince, malgré la terreur que votre nom m'a toujours inspirée, j'éprouve en vous voyant un sentiment secret que je ne puis définir... si vous me rendez à ceux que j'aime, du respect, de l'estime, de la reconnaissance, voilà ce que vous offrira Athanaïs... quant à l'amour... jamais.

### HISTERKAN

Laisses parler cette voix secrète qui m'est favorable, un sentiment plus tendre se développera bientôt, et alors tous mes desirs seront satisfaits.

### ATHANAIS

Si j'étais réunie à mon frère Aliénor, il me semble que je vous verrais aussi avec plaisir auprès de moi.

HISTERKAN

Acceptes-moi pour époux, et à l'instant même il paraîtra à tes yeux.

ATHANAIS

Aliénor serait rendu à son Athanaïs?...

HISTERKAN

Et son sort est entre tes mains.

ATHANAIS

Que dites-vous, seigneur?...

HISTERKAN

Que si tu refuses le partage de mon trône, Aliénor n'est plus pour moi qu'un ennemi implacable.

ATHANAIS

Cette idée m'épouvante...

HISTERKAN

Eh! bien, Athanaïs?...

ATHANAIS

Ah! seigneur, accordez-moi quelque tems pour calmer mon esprit encore troublé!...

HISTERKAN

Non, il faut s'expliquer à l'instant même.

ATHANAIS

Vous m'y forcez, prince; sachez donc qu'au nom d'hymen, il me semble qu'un voile lugubre s'élève entre nous deux.... et qu'un mouvement indépendant de ma volonté m'oblige de rejeter l'offre de votre main, malgré les dangers d'Aliénor, dont les jours me sont mille fois plus chers que ma propre existence.

HISTERKAN

Eh bien! je serai inexorable comme toi.... ( *Aux esclaves.*) Allez, esclaves, et qu'Aliénor soit conduit au supplice.

( *Les Esclaves font un mouvement.*)

ATHANAIS, *au prince.*

Eh quoi! nos malheurs ne pourront-ils vous toucher?

HISTERKAN

Tu as dédaigné mon amour.

ATHANAIS

La pitié ne trouvera-t-elle point d'accès dans votre cœur?

HISTERKAN

Tes mépris n'y laissent plus de place que pour la haine.

ATHANAIS

Homme cruel! quand c'est moi qui t'offense, n'est-ce pas moi seule que tu dois punir?

HISTERKAN

Non, non, j'aime mieux te frapper dans ce que tu as de plus cher au monde. (*aux esclaves.*) Qu'Aliénor périsse...

ATHANAIS, *tombant a genoux.*

Barbare! révoque cette sentence horrible, ou tu vas me voir expirer à tes yeux...

*Le Vieux.*                                        G

(Pendant cette scène Fleur-de-Mirthe a témoigné, à part, le plus vif intérêt pour Athanaïs. — On entend des sons de trompettes, tous s'arrêtent étonnés. )

## SCENE IX.

### Les Précédens, MOHAM.

#### MOHAM.

Seigneur, les fidèles Arabes que tu avais envoyés pour reconnaître l'ennemi, ont tous été massacrés dans les défils du Liban, dont ils voulaient défendre le passage; du haut de nos remparts, on aperçoit la cavalerie des chrétiens qui se déploie dans le valon, et leurs fantassins gravissent les divers sentiers de la montagne; un hérault d'armes s'est présenté à nos portes, il a demandé à être introduit près de ta hautesse, et j'ai cru pouvoir lui accorder l'entrée du château.

#### HISTERKAN

Je consens à le recevoir, pour faire connaître aux chrétiens croisés, que je soutiendrai contr'eux une guerre d'extermination. *( Moham sort.)* Esclaves, emmenez cette odalisque; ma vengeance, pour être différée, n'en sera que plus terrible.

(Les gardes sortent avec Athanaïs, les odalisques et les esclaves sortent d'un autre côté, Fleur-de-Mythe rentre dans le pavillon.)

## SCENE X.

### HISTERKAN, MOHAM, le Hérault d'Armes, Gardes du Sérail.

( Le Hérault d'Armes paraît au milieu des Gardes, et précédé par Moham; le Hérault d'Armes présente un rouleau de parchemin à Histerkan, celui-ci le déroule. )

#### HISTERKAN, *lisant*

« Le chef des Druses au souverain du Liban.

« Les chevaliers de Damas ont juré de punir le meurtrier de leur
» prince; lorsque tu liras cet écrit, leurs bataillons seront déjà
» sous tes murailles... toutefois une seule condition peut encore
» enchaîner leurs bras; que Thelaïre, Aliénor et Athanaïs, enlevés
» par toi au mépris des lois de la guerre, leur soient à l'instant
» rendus, où demain, à la pointe du jour, ils porteront le fer et la
» flamme sur tes remparts... Histerkan, tu m'as fait connaître ta
» haine pour Aliénor et ton amour pour Athanaïs; ils ont été élevés
» par moi : eh bien, j'atteste le ciel qu'un des deux est cet enfant
» que je t'ai ravi dans les murs de Cesarée: choisis donc, ou de
» donner la mort à ton fils, ou de t'unir à ta fille par des liens in-
» cestueux. »

## SCENE XI.

### HISTERKAN, *lisant.*

Quel mystère inconcevable, voudrait-il me tromper, mais ne

sait-il pas que je puis d'un seul mot décider du sort de mes prison-
niers. (*Il réfléchit.*) Comment faire?... Un moyen se présente à
mon imagination... il est terrible, mais la réussite est certaine...
(*Haut.*) Hérault d'armes, retournes auprès du prince des Druses,
dis-lui que l'écrit qu'il a tracé a fait sur moi la plus vive impression, que je suis prêt à traiter avec les guerriers croisés, et que je
l'admettrai dans ce château avec les chevaliers qu'il choisira pour
son escorte. Afin de te prouver la vérité de mes paroles, je vais te
faire livrer le meurtrier du comte de Damas, et vingt officiers prin-
cipaux de ma cour t'accompagneront comme ôtages. Chef de ma
garde, que ma volonté soit ponctuellement suivie.

( Le chef sort avec le Hérault d'armes et les gardes.)

## SCENE XII.

### HISTERKAN, MOHAM.

HISTERKAN, *à part.*

Quelle incertitude cruelle! mon âme est déchirée par des sentimens contraires... Aliénor! Athanaïs!... ah! si je pouvais dé-
couvrir celui des deux qui m'appartient par les liens du sang!...

MOHAM

Mais cela n'est peut-être pas impossible.

HISTERKAN

Quel moyen connaitrais-tu pour me satisfaire?

MOHAM

Je me souviens, seigneur, d'avoir entendu, dans le comté de
Damas, certains discours qui me parraissaient peu importans alors,
et qui le deviennent aujourd'hui; on disait que le comte allait
épouser la belle Thélaïre, à laquelle il avait été jadis uni par les
liens de l'amour; on ajoutait qu'un des deux enfans, élevé par
Philétas, devait être reconnu par la comtesse dans la cérémonie
de ce mariage; il ne s'agit donc plus que d'arracher le secret de
Thélaïre, dès que tu le connaîtras, toutes tes incertitudes cesseront.

HISTERKAN

Comment obtenir d'elle cette révélation importante?

MOHAM

En la faisant trembler à la fois sur le sort d'Aliénor, et sur celui d'Athanaïs, le Koran nous apprend qu'une mère retient diffi-
cilement l'élan de son cœur, et...

HISTERKAN, *l'interrompant.*

Cette idée m'éclaire... oui, j'interrogerai la nature; elle me
répondra.

MOHAM

Seigneur, quels seront tes desseins, lorsque tu auras percé ce
mistère? ta hautesse a consenti à traiter avec ces chevaliers chrétiens; la paix, le bonheur, vont-ils régner dans le Liban?.. par
le prophète! j'en serais bien fâché.

#### HISTERKAN

Ami, connais mieux l'âme de ton maitre... elle a été troublée
par tant d'événemens inattendus : mais la vengeance y domine toujours en souveraine... c'est elle qui a dicté l'arrêt de mes ennemis.

## SCENE XIII.

#### Les Précédens, FLEUR DE MIRTHE.

*( Fleur de Mirthe sort du pavillon, il s'arrête en voyant le Scheick avec son confident. )*

#### MOHAM

Je conçois les intentions de ta hautesse ; tu vas t'emparer de ces
chevaliers, lorsqu'ils seront entrés dans Massiate, les faire massacrer, enfin, abandonner à l'epée des chrétiens, les ôtages que tu
viens d'envoyer dans leur camp, et qui s'estimeront trop heureux
de se sacrifier pour leur maître ? rien n'est plus simple et surtout
plus facile.

#### HISTERKAN

Non, j'ai médité un projet moins dangereux... ( *Fleur de Mirthe se glisse derrière le massif d'arbustes, à l'avant-scène.* ) Quel
que soit le résultat de l'épreuve que je vais tenter, Philétas et ses
Chevaliers seront conduits avec pompe auprès de Thélaïre, dans
le vieux palais ; il est séparé de ce hareu, et dans ses souterrains
qui se prolongent jusques sous nos remparts, le salpêtre entassé
avec différens combustibles, nous offre depuis long-tems un moyen
assuré de défense, en cas d'attaque de cette forteresse... Moham !
tu m'entends ? c'est toi que je charge de ma vengeance... Lorsque la trompette aura sonné la première veille de la nuit, un fanal
allumé sur ce minaret ( *il montre la tour du fond* ) sera le signal
de la destruction... commande qu'Aliénor et Athanaïs soyent conduits enchaînés dans ces lieux, et que Thélaire, sous la garde de
mes arabes, soit prête à paraître à mon premier ordre ; Moham,
si la fortune sourit à mes projets, cent bourses d'or seront le prix
de tes services.

#### MOHAM

Prince, sois tranquille, l'ange de la mort m'inspire... les cent
bourses d'or sont à moi, j'en réponds.

*( Fleur de Mirthe caché, témoigne son effroi en songeant à ce qu'il vient d'entendre ; Histerkan entre dans le pavillon. )*

## SCENE XIV.

#### MOHAM, FLEUR DE MIRTHE.

*Fleur de mirthe est remonté jusqu'au fond de la scène.*

#### MOHAM.

Allons Moham, te voilà sur le chemin de la gloire et de la for-

tane... que vois-je, Fleur de de myrthe?... que faisais-tu là
( *L'enfant montre un bouquet.* )

MOHAM.

Ah ?-tu cueillais des fleurs... depuis combien de tems es-tu dans
ce jardin ...
( *l'Enfant dit qu'il vient d'y descendre à l'instant même.* )

MOHAM.

Tu viens d'arriver... (*mettant la main sur son poignard.*) (*à
part*) si je croyais qu'il eut entendu quelque chose, ce poignard...
( *Fleur de myrthe recule effrayé.* ) Assurons-nous-en ( *Haut.* ) le
prince vient de me parler d'un fanal qui sera allumé cette nuit sur
ce minaret pour servir de signal à la réception des chevaliers étrangers... ( *En parlant il examine l'Enfant avec attention, celui-
ci se contient et cache le sentiment qu'il éprouve sous un air calme.*)
lorsque tu appercevras cette lumière, tu viendras m'en prévenir.
(*Fleur de mirthe affectant une grande gaité, dit qu'il obéira.* )

MOHAM, à part.

Il ne s'est point troublé, il ne sait rien. ( *Haut.* ) Allons, aimable
Fleur de myrthe je suis content, très-content de toi; sois toujours
obéissant , adroit surtout, tu n'auras pas à te repentir d'avoir été
placé sous les ordres de Moham... Nous en ferons quelque chose
de cet Enfant-là... (*il sort.* )

## SCENE XV.

### FLEUR DE MIRTHE, ( *seul.* )

( *Fleur de mirthe se voyant seul, témoigne l'indignation qu'il éprouve de la
scélératesse de Moham, il cherche un moyen pour prévenir ceux qu'on
persécute, il se jette à genoux , et invoque le ciel, il se recueille ensuite
vient s'asseoir sur une des marches du trone, prend les tablettes qu'il porte
à sa ceinture , les ouvre, y trace quelques lignes et levant de tems en tems les
yeux au ciel semble s'applaudir de ce qu'il fait.*)

## SCENE XVI.

### FLEUR DE MIRTHE, ALIENOR ATANAIS, KURD, Gardes.

( *Aliénor et Athanaïs pâles et abattus, sont au milieu des gardes.* )

KURD

C'est ici que vous allez connaitre votre sort.

ATHANAIS

O mon frère! quel nouveau malheur se prépare?

ALIENOR

Hélas! si j'en juge par les tristes appréts qui nous environent, le
farouche Histerkan a résolu sans doute de nous arracher la vie,
Athanaïs, s'il ne sagissait que de mon existence, j'écouterais mon
arrêt sans effroi... mais voir frapper à mes yeux ma sœur , mon
amie la plus tendre, la plus chérie... Ah! cette pensée jette dans
mon âme le désespoir et l'épouvante.

ATHANAIS

Crois-tu donc, ô mon ami, que l'idée d'avoir causé ta perte, ne
soit pas pour moi mille fois plus terrible que la mort?...

## SCENE XVII.

Les Précédens, HISTERKAN, un Esclave portant une coupe,
FEDAVI, Femmes.

ALIENOR

Histerkan, viens assouvir sur moi ta rage, viens répandre tout mon
sang, je descendrai avec joie dans la tombe... mais dans ton aveugle furie, épargne cette innocente victime. Athanais ne t'a jamais
offensé; et moi je te déteste. Ah! si la haine est un crime à tes yeux,
j'ai bien mérité les tourmens que tu me prépares.

KISTERKAN.

Vous êtes coupables tous deux; le vieux de la Montagne ne sait
point pardonner, et voici votre supplice.... ( Il montre la coupe
apportée par l'esclave.)

ALIENOR.

Donnes, je recevrai la mort comme un bienfait, puisqu'elle me
délivrera de ton odieuse présence.

ATHANAIS, aux pieds d'Histerkan.

Ah! prince, j'embrasse vos genoux; s'il est vrai que la malheureuse Athanaïs ait mérité un seul instant votre amour, ne fermez
point votre âme à la pitié........ laissez, laissez-vous atten-
drir par ses larmes..... Je n'attends de vous qu'un seul bienfait,
c'est la mort ... ah! du moins, que mon sang appaise votre courroux, épargnez celui de mon frère, de l'ami de mon enfance....
mais aussitôt que mon cœur, déchiré par vous avec tant de barba-
rie, aura cessé de palpiter, souvenez-vous, Histerkan, que malgré
vos persécutions, Athanais n'a jamais pu vous haïr, et qu'elle vous
pardonne.

ALIENOR.

Penses-tu pouvoir fléchir ce tigre altéré de vengeance? Cesse de
t'avilir en implorant pour moi une grâce que je refuse: c'est moi
que le tyran déteste; c'est moi qu'il punit. Satisfait d'avoir tranché
le fil de mes jours, je suis certain qu'il épargnera les tiens.

( Il veut prendre la coupe.)

ATHANAIS, l'arrêtant.

Au nom du ciel.

## SCENE XVIII.

Les Précédens, THELAIRE enchaînée au milieu des gardes.

ALIENOR.

Athanais, lorsque ce poison mortel aura glacé mon cœur, songe
quelquefois au malheureux Aliénor.....

THÉLAIRE, *s'élance et lui arrache la coupe.*

Aliénor !

ALIENOR.

Ciel ! Thélaire !

THÉLAIRE.

Viens, viens dans mes bras, nous verrons si ce barbare aura le courage de massacrer un fils sur le sein de sa mère.

( *Histerkan troublé regarde Athanais avec effroi.* )

ALIENOR.

Vous, ma mère ?

ATHANAIS.

Qu'ai-je entendu ?

HISTERKAN, *se remettant.*

Esclaves, veillez sur les jours de ma fille, de votre souveraine...

ALIENOR.

Sa fille !....

ATHANAIS

Grand dieu !... (*elle tombe évanouie dans les bras des esclaves.*)

HISTERKAN, *à Thélaire et à Aliénor.*

Et vous, tremblez, vous périrez tous les deux.

ALIENOR, *serrant sa mère dans ses bras.*

Thélaïre, c'est sur le corps sanglant de ton fils qu'il faudra passer, pour arriver jusqu'à toi ..

HISTERKAN.

Qu'on les entraîne.

( Les Esclaves et les Femmes emportent Athanais évanouie ; ils entrent dans le pavillon ; les Gardes entourent Thélaire et Aliénor, les séparent, et les entraînent vers le vieux palais. )

## SCENE XIX.

HISTERKAN, MOHAM, FLEUR-DE-MYRTHE, Gardes.

HISTERKAN.

A présent, mon triomphe est certain.

MOHAM.

Et moi, je vois déjà briller à mes yeux les cent bourses d'or. ( *On entend une marche.* )

HISTERKAN.

Le Prince des Druses et ses Chevaliers s'avancent avec le cortége pompeux dont je les ai environnés. ( *A Moham.* ) Rappelle-toi Moham, que plus on leur prodiguera d'honneurs, plus il sera facile de les faire tomber dans le précipice que j'ai ouvert sous leurs pas.

( La marche continue ; le Scheick monte sur son trône au milieu de ses gardes ; Moham va recevoir le cortège. )

## SCENE XX.

Les Précédens, PHILETAS, Chevaliers, Ecuyers, portant les
bannieres et les écus de leurs maîtres.

*( La marche se déploie sur le scène ; le prince des Druses, entouré des Che-
valiers, est placé en face du prince du Liban...)*

### PHILETAS.

Prince du Liban, jamais les Chevaliers qui m'accompagnent
n'auraient consenti à entrer dans le château de Massiate, si tu ne
nous avais prouvé, en nous livrant volontairement le meurtrier du
comte de Damas, que ce crime affreux ne s'était point commis
par tes ordres; d'un autre côté, les ôtages nombreux et d'un rang
élevé que tu as fait conduire dans notre camp, nous ont paru une
garantie suffisante de ta foi. Notre but, en t'offrant l'oubli du
passé, est de rendre enfin la paix aux peuples de Syrie, trop long-
tems fatigués par des guerres cruelles; je te declare donc, au nom
des Chrétiens de la Terre-Sainte, que si tu acceptes les propositions que je t'ai faites, ces Chevaliers sont prets à signer sur-le-
champ une suspension d'armes établie sur les bases de la justice,
qui peut seule assurer la durée des traités entre les nations.

### HISTERKAN.

Prince, j'adhère aux conditions que tu m'offres, et je n'y mets
aucune restriction, puisque la naissance d'Athanaïs m'est connue.

### PHILETAS.

Quoi ! Sultan, tu saurais.

### HISTERKAN.

Thélaïre m'a tout appris... Chevaliers, rendez-vous auprès de
cette Princesse; elle est avec son fils dans le palais, où j'ai fait tout
préparer pour votre réception; avant une heure, je serai auprès de
vous, et vous connaitrez alors le traité qui doit terminer nos différens...pour jamais.

*( La nuit commence à venir. Philétas et les Chevaliers se lèvent ; le cortège
défile devant le trône du Scheick, il traverse le théâtre ainsi que la galerie
supérieure; Histerkan avec ses officiers entre dans le pavillon, suivi de
Moham, auquel il témoigne à part la joie qu'il a d'avoir réussi Les troupes
Arabes sortent en arriere du pavillon du meme côté que leur chef.)*
*( Pendant cette scène, Fleur-de-Myrthe a essayé vainement de pénétrer au-
près de Philétas. Philétas est resté en arriere sur la galerie avec deux
écuyers; l'enfant l'arrête par un geste de douleur fortement prononcé ; Philétas le regarde avec étonnement; l'enfant se met à genoux en levant les
bras vers lui, et en le suppliant de descendre de la galerie pour l'écouter.)*

## SCENE XXI.

### PHILETAS, FLEUR-DE-MYRTHE, deux Ecuyers croisés.

*( Philétas, touché de compassion, descend en scène; Fleur-de-Myrthe té-
moigne sa joie, et le prie de faire retirer ses deux écuyers. Le prince des
Druses, plus étonné encore, se sent entraîné par l'action de cet enfant; il
ordonne à ses écuyers de le précéder dans le palais. Ils sortent. )*

## SCENE XXIII.

### PHILETAS, FLEUR-DE-MYRTHE.

*( Fleur-de-Myrthe se prosterne aux pieds de Philétas, en lui présentant ses tablettes. )*
*( Le Prince les prend en examinant l'enfant avec surprise ; il ouvre les tablettes et lit. )*

PHILETAS, *lisant.*

« Chrétiens, votre perte est jurée, un abîme de feu est prêt à » vous engloutir avec le palais qui va vous servir d'habitation..... *( S'interrompant. )* Grand Dieu!..

*( L'enfant le supplie de continuer de lire. )*

PHILETAS, *continant.*

« Un fanal allumé bientôt sur une de ces tours, est le signal in-» diqué par le Vieux de la Montagne ; déjà ses ordres sont donn-» nés, et il n'est plus possible à aucun de vous de sortir du châ-» teau »... *( après avoir lu. )* Comment puis-je ajouter foi à ce tissu d'horreur ?

*( Fleur-de-Myrthe atteste le ciel qu'il peut l'en croire, et découvrant sa poi-trine, il lui prouve qu'il est Chrétien, en lui faisant voir une croix qu'il porte en secret. )*

PHILETAS, *étonné, le serre dans ses bras avec transport.*

A ce signe révéré, je n'hésite plus à te croire .. mais comment échapper à cet affreux complot ? *( Réfléchissant. )* Si je pouvais envoyer un de mes Chevaliers dans le camp ?..

*( L'enfant lui fait signe que cela est impraticable. )*

PHILETAS.

Ne serait-il pas possible de faire parvenir un ordre à l'une de nos sentinelles qui veillent aux pieds des remparts ?..

*( L'enfant saisit cette idée, et lui dit qu'il va tenter ce moyen ; il déchire avec vivacité une feuille de ses tablettes, la donne au prince avec son stilet, en indiquant qu'il peut écrire, sort ensuite en faisant signe qu'il sera bien-tôt de retour. )*
*( Pendant ce tems , Philétas écrit.)*

PHILETAS, *lisant haut ce qu'il écrit.*

« Nous sommes victimes de la plus noire trahison... Avant une » heure , nous aurons cessé d'exister, si l'armée Chrétienne n'es-» calade à l'instant ces remparts. »

*( Fleur-de-Myrthe a reparu ; il tient à la main un arc et une flèche ; il reçoit l'écrit tracé par le Prince, le plie et l'attache au bout de la flèche ; il monte ensuite rapidement sur la galerie, il s'élève sur un de ses rebords, bande son arc, et lance sa flèche avec force par-dessus la fabrique du fond ; il descend rapidement de la galerie, et fait signe au Prince que la flèche a passé par-dessus les remparts.)*

PHILETAS.

Généreux enfant ! tu défends l'innocence, tu sers l'humanité ; le ciel doit bénir ta glorieuse entreprise. *( Ils vont pour sortir.)*

Le Vieux.                                        H

## SCENE XXIV.

### Les Précédens , un Arabe.

( On aperçoit un Arabe sur le mineret , il sonne de la trompette trois fois, pour
annoncer la première veille ; ensuite il allume le fanal. )
( L'enfant indique ce signal à Philétas avec effroi, et le conjure d'aller avertir
ses Chevaliers. )
( L'Arabe disparait , et le prince monte sur la galerie. )

## SCENE XXV.

PHILETAS, sur la galerie, FLEUR-DE-MYRTHE, en bas ,
MOHAM , Arabes deux Esclaves portant des torches.

MOHAM, apercevant l'enfant.
Pourquoi es-t si tard dans ces jardins ?
(*Fleur-de-Myrthe lui montre le fanal , et lui dit qu'il
vient d'après son ordre.* )

MOHAM.
Oh! oui, je t'avais dit de me prévenir, quand ce fanal serait
allumé, c'est juste... Allons, rentre au sérail ; je n'ai plus besoin
de tes services.
( *Fleur-de-Myrthe fait une fausse sortie ; Moham passe
avec les Arabes en dessous de la galerie ; Philétas sort
en même-tems par la partie supérieure.* )

## SCENE XXVI.

### FLEUR-DE-MYRTHE, seul.

( *Il parcourt la scène avec inquiétude , et se panche pour écouter. On aperçoit au lointain la lueur d'un incendie ; l'Enfant peint son épouvante.* )

## SCENE XXVII.

### FLEUR-DE-MYTHE, PHILETAS et ses Chevaliers.

( *Ils traversent, en courant, la galerie.* )

## SCENE XXVIII.

Les Précédens , excepté ALIENOR , HISTERKAN, FEDAVI,
Gardes du Sérail.

( *Le Scheick et les Arabes sortent du pavillon avec mystère.* )
*Philétas et ses chevaliers se cachent près du trône.*

##### HISTERKAN.

Ma vengeance s'accomplit..,. Arabes, combattez, et que vos lances n'épargnent personne.

##### PHILETAS, *se montrant.*

Misérable! c'est toi qui va recevoir le prix de tous tes forfaits...
( *On entend au loin le tambour et les trompettes.* )

##### HISTERKAN, *troublé.*

Je suis trahi!....

##### PHILETAS.

Entends-tu ce signal de guerre? mon armée va escalader .es murailles.

##### HISTERKAN.

Pour être témoin de ta mort.... frappons. (*La mélée s'engage ; les combattans disparaissent de divers côtes ; l'incendie gagne l'entrée du vieux palais qui touche à la galerie.*)

## SCENE XXIX.

Femmes du Sérail, ensuite THELAIRE, ALIENOR et MOHAM.

( *Les femmes sortent du vieux palais, elles parcourent la scène en cherchant un asyle.* )

( *Thélaire, accompagnée d'Alienor, paraît sur la galerie, Moham les poursuit un poignard à la main, il va les frapper. Alienor désarme Moham, lui enfonce son propre poignard dans le sein, et le précipite du haut de la galerie.*)

## SCENE XXX.

Les Précédens, ATHANAIS.

(*Athanais sort du pavillon avec la plus grande terreur, elle aperçoit Thélaire, descendue de la galerie avec Alienor, et tombe dans ses bras.*)

## SCENE XXXI.

Les Précédens, HISTERKAN, FEDAVI.

(*Histerkan à la tête de ses Fédavi, veut arracher Alienor des bras de sa mère.*)

## SCENE XXXII.

Les Précédens, Troupes d'Arabes et de Soldats Croisés, le
Sénéchal.

( *Les chevaliers accourent pour défendre Alienor et Thélaire,
la mélée se forme de nouveau dans le jardin et sur la galerie enflammée.* )
( *Athanais conduit Thélaire dans le pavillon.* )

## SCENE XXXIII.

Les Précédens, excepté ATHANAIS et THELAIRE.

( *Un côté de la galerie s'écroule avec une partie des combattans, les fabriques du fond ont disparu, dévorées par les
flammes et laissant voir les remparts de Massiale, esca-
ladés par les guerriers de Damas, à la tête desquels est le
Sénéchal. Les Arabes reculent devant eux : Histerkan furieux se retire dans le pavillon.* )
( *Le champ de bataille est éclairé par les feux de l'incendie.* )

## SCENE XXXIV.

Arabes, Chevaliers et Soldats Croisés, HISTERKAN, THE-
LAIRE, FLEUR E MYRTHE.

( *Plusieurs combats particuliers s'engagent, Fleur-de-Myrthe
saisit un glaive et attaque un jeune Fédavi avec une force
au-dessus de son âge. Les Arabes en désordre s'enfuyent
de toutes parts pour échapper à l'épée des Chrétiens : Histerkan sort du pavillon : il entraîne Thélaire en la menaçant de la mort, il la renverse, il est prêt à l'immoler.* )

## SCENE XXXV.

Les PRECEDENS, ALIENOR.

( *Alienor s'élance, il frappe le Vieux de la Montagne et dé-
livre sa mère.* )

(*Une dernière explosion se fait dans le pavillon même que le feu a gagné; l'obélisque placé en avant s'écroule* $\cdot$ *avec fracas, Histerkan tombe, il est écrasé sous les débris de la colonne renversée.*)

# SCENE XXXVI.

Les Précédens, **PHILETAS, ATHANAIS**, Femmes du sérail, Chevaliers, **KURD**, le Sénéchal, Troupes arabes, Croisées et Druses.

(*Kurd est tué par le Sénéchal, les autres chefs sont désarmés par les chevaliers.*)

(*Athanais accourt, elle tombe évanouie en voyant son père expirant; Aliénor la reçoit dans ses bras, en même tems Philétas triomphant apporte l'étardard du Vieux de la Montagne, qu'il a conquis. Le Sénéchal élève dans les airs le drapeau de Damas, et tous les Arabes mettent bas les armes.*)

**PHILETAS**, *montrant Fleur de Myrthe.*

C'est à cet enfant courageux que nous devons tous la vie; bénissons le Dieu des armées, en lui faisant hommage de notre triomphe.

( *Les guerriers Chrétiens à genoux présentent au ciel leurs actions de graces.*)

(*Athanais, prosternée auprès de son père, reçoit son dernier soupir.* )

(*Aliénor aux pied de sa mère, lui montre ce tableau touchant.*)

( *Tous les gueriers se relèvent en agitant leurs epées et leurs lances.* )

( *Fleur-de-Myrthe est placé sur les marches du trône, au milieu d'un grouppe de femmes ; plus loin les Odalisques environnent Athanais, et cherchent à la consoler.* )

( *Philétas montre avec reconnaissance aux troupes Chretiennes l'enfant qui a sauvé leur prince.*

( *Le Sénéchal fait flotter dans les airs l'étandard de la Croix, celui du Croissant est renversé dans les mains d'un cheva-*

valier, *Thélaire* indique aux soldats *Chrétiens* le signe
sacré qui les a conduits à la victoire ; enfin les *Arabes* confus et humiliés, demandent la vie à leurs vainqueurs.

156

www.ingramcontent.com/pod-product-compliance
Lightning Source LLC
LaVergne TN
LVHW022129080426
835511LV00007B/1091